Gottfried von Purucker

Goldene Regeln der Weisheit

Gespräche zwischen Lehrer und Schüler

Gottfried von Purucker
Goldene Regeln der Weisheit

1. Auflage 2011
ISBN 978-3-924849-63-4 (Paperback-Ausgabe)
ISBN 978-3-924849-64-1 (Hardcover-Ausgabe)

Titel der Originalausgabe:
Golden Precepts of Esotericism

Übersetzung der englischen Originalausgabe
Bearbeitung: Bärbel Ackermann

Design, Umschlag: Matthias Winter
Umschlagbild: Er Ka · aboutpixel.de
Satz: Dietmar Hepper
Herstellung: Books on Demand GmbH, Norderstedt
Printed in Germany

Verlag Esoterische Philosophie GmbH, Hannover
www.Esoterische-Philosophie.de

Verlag
Esoterische Philosophie

Goldene Regeln der Weisheit

Gespräche zwischen Lehrer und Schüler

Gottfried von Purucker

Inhalt

Vorwort des deutschen Herausgebers

Es war schon immer der Wunsch unseres langjährigen deutschen Leiters, Hermann Knoblauch (1908 – 2000), dieses literarische Kleinod unvergänglicher Weisheitslehren in seiner ursprünglichen Fassung – in Frage und Antwort – wieder aufleben zu lassen.

Sein Anliegen war es, den Leser teilhaben zu lassen an der engen Beziehung zwischen Lehrer und Schüler, wie sie seit Anbeginn der Mysterienschulen bestand und immer bestehen wird. Denn die Beziehung zwischen Lehrer und Schüler knüpft an eine lange Tradition an. Sie zeugt von einer hohen Spiritualität, die weit in der Vergangenheit ihre Wurzeln hat.

Wie aus dem Vorwort der deutschen Ausgabe *Goldene Regeln der Esoterik* von 1935 hervorgeht, erklärte sich von Purucker aufgrund vieler Bitten bereit, die Gesprächsform von Frage und Antwort fallen zu lassen, um eine Art Modernisierung für den Leser zu erreichen. Aus heutiger Sicht muss ihm dies aber überaus schwergefallen sein, da die unmittelbare Belehrung des Schülers durch einen spirituellen Lehrer nicht mehr direkt erkennbar ist.

Die ursprüngliche englische Ausgabe war schon damals, vor 1935, schnell vergriffen. Sechs Neuauflagen, für die damalige Zeit fast unvorstellbar, zeugten für ihre große Beliebtheit. Auch die deutsche Übersetzung der zweiten englischen Ausgabe, *Goldene Regeln der Esoterik,* erschien bereits in achter Auflage, denn heute wie damals sind sie zeitlos. Die überlieferten Lehren geben Einblicke in Lebenszusammenhänge, die uns einbetten in das ewige Stirb und Werde. Sie geben Aufschluss über unser Dasein und verleihen Lebensperspektiven, die sich auch im Alltag als überaus hilfreich erweisen können.

Mögen Sie, liebe Leserin und lieber Leser, dieses kleine Juwel in seiner ganzen Schönheit und spirituellen Tiefe in sich wirken lassen. Sie werden einen Begleiter fürs Leben gefunden haben, den Sie nicht mehr missen möchten.

Im Gedenken an unseren unvergessenen Lehrer Hermann Knoblauch

Bärbel Ackermann
Die Theosophische Gesellschaft Point Loma – Covina, „Esoterische Philosophie" e. V., Deutsche Hauptstelle, Hannover, 2011

Hermann Knoblauch
(1908–2000)

Nationaler Deutscher Leiter, Hannover,
der Theosophischen Gesellschaft
Point Loma – Covina von 1964 bis 2000.
Direkte Nachfolge der amerikanischen
Gründungsgesellschaft von 1875, New York, USA.

Gottfried von Purucker

15.01.1874 – 27.09.1942

Bedeutender Sanskritgelehrter von internationalem Ruf, Wissenschaftler und Experte für biblische Sprachen

Schon früh erkannte Gottfried von Purucker die Notwendigkeit eines interdisziplinären wissenschaftlichen Denkens, das Naturwissenschaft, Philosophien und Religionen miteinander verknüpft. Insbesondere verband er östliche Weisheit mit westlicher Wissenschaft. Es gelang ihm, das Beziehungsgeflecht von Geist und Natur in die Grundlagenforschung einzubeziehen, weshalb seine umfangreichen literarischen Werke als Pionierleistungen besonderer Art gelten. Beeindruckend legt er dar, wie die gesamte Natur von Leben und Bewusstsein durchdrungen ist und dass es die inneren, ursächlichen Kräfte sind, die unsere Welt der Erscheinungen erst ermöglichen.

Aufgrund einer außergewöhnlichen Sprachbegabung übersetzte von Purucker schon als Vierzehnjähriger das gesamte *Neue Testament* aus dem

Griechischen ins Englische, mit siebzehn die *Genesis* aus dem Althebräischen. Neben diesen Sprachen beherrschte er Latein, Neuhebräisch, Italienisch, Spanisch, Portugiesisch, Französisch und Deutsch sowie Sanskṛit, die ursprüngliche Gelehrtensprache. Diese Kenntnisse ermöglichten ihm ein umfassendes Studium der alten Philosophien und Religionen in ihren Originalsprachen. Er führte die religiös-philosophischen Aussagen auf ihren Kern zurück und deckte die hinter Allegorie, Symbolik und Mystizismus verborgenen Wahrheiten auf.

Übersetzungsfehler sowie falsche Interpretationen stellte er mit Hilfe der Urtexte richtig. Hierdurch befreite er viele zu reinen Dogmen erstarrte Glaubenssätze von ihrer degenerativen Ummantelung, wodurch sie ihre ursprüngliche Aussagekraft zurückerhielten.

Gottfried von Puruckers Erkenntnisse eröffnen neue Perspektiven. Sie sprengen die begrenzenden Schranken des materiell Sichtbaren und Nachweisbaren und führen in die inneren Zusammenhänge von Natur, Mensch und Kosmos. Zweifellos gehören seine umfassenden und fundierten Werke zu den wertvollsten Vermächtnissen, die der Menschheit zuteil wurden. Sie wirken einer kulturell-philosophischen Verflachung entgegen und führen zu den eigentlichen Werten menschlichen Daseins zurück.

Prof. Dr. Gottfried von Purucker
(1874 – 1942)

Goldene Regeln der Weisheit

Vorwort des Verfassers

Dieses Büchlein enthält gewisse Lehren, die den Chelas in der esoterischen Schule zum Studium und zur Meditation erteilt werden. Helena Petrowna Blavatskys *Stimme der Stille* enthält eine Anzahl von Auszügen aus derselben Sammlung von Lehren, und das in einer Wiedergabe, die sich fast wörtlich an den Urtext anlehnt; doch ist die Darstellung in jenem wunderbaren Bändchen in hohem Maße mit fachwissenschaftlichen Ausdrücken durchsetzt und deshalb für den Abendländer, der fast von Geburt an in einer ganz anderen Psychologie aufgewachsen ist, schwer verständlich.

Die Auszüge aus öffentlichen wie privaten Unterweisungen, die das vorliegende Buch enthält, stellen einen Versuch dar, abendländischen und auch morgenländischen Lesern andere in der esoterischen Schule gebräuchliche Lehren darzubieten, doch in einer für den Westen verständlichen Form, das heißt in einer Form, die der Denkweise suchender Menschen des Abendlandes vertrauter ist, obschon ich mich in manchen Fällen fast Wort für Wort an den Text der Geheimen Bücher gehalten habe, die ich selbst schon seit vielen Jahren studiere.

Es gibt eine bändereiche esoterische Literatur, die zum größeren Teil jedoch dem Westen völlig unbekannt ist und von der nur wenige Proben aus diesem oder jenem Grunde dem Schatz archaischer Weisheit entnommen und in den öffentlichen Verkehr gebracht worden sind.

Das Bedürfnis nach esoterischen Erbauungsbüchern ist wahrscheinlich heute ebenso groß wie in der Vergangenheit; und ich hoffe, dass die Leser der folgenden Blätter von demselben Licht erleuchtet werden; dass sie aus den teils in Übersetzungen, teils in Umschreibungen dargebotenen, nachfolgenden Auszügen aus den Büchern der esoterischen Schule dieselbe Anregung und Förderung empfangen mögen, wie sie mir selbst in vergangenen Jahren zuteil geworden sind.

Bei meinen Vorträgen vor der Öffentlichkeit und im engeren Kreise, denen die folgenden Auszüge entnommen sind, bemühte ich mich, in mein Thema so viel von den so tief mystischen Gedanken der Geheimen Bücher hineinzuweben, wie ich mich berechtigt fühlte weiterzugeben. Ich hoffe, dass dieser Versuch auch in der vorliegenden Zusammenstellung von Auszügen gelungen ist. Eine große Anzahl von anderen Auszügen ähnlicher Art könnten diesen Vorträgen entnommen, zusammengestellt und als Seitenstücke zu dem vorliegenden Büchlein veröffentlicht werden, und dies wird in der Zukunft vielleicht auch geschehen.

Dem intuitiven Unternehmungsgeist und der aus tiefer Ergebenheit geborenen Anteilnahme eines Freundes und Schülers, G. B., ist das Erscheinen dieses Bändchens *Golden Precepts of Esotericism* zu verdanken.

Ich weiß, dass diese Sammlung von Auszügen aus den archaischen Lehren der Weisheitsreligion der Menschheit, wie sie in dem Heiligen Orden des Mitleids gelehrt wird, für alle Schüler der Alten Weisheit, für alle, die danach verlangen, etwas über das Leben zu erfahren, das Chelas – Jünger – der Alten Weisheit führen, eine Hilfe und ein Ansporn sein wird.

Gottfried von Purucker
Allgemeines Theosophisches Hauptquartier
Point Loma, Kalifornien
Mai 1931

der Pfad zum Herzen des Universums

DER PFAD ZUM HERZEN DES UNIVERSUMS

In heiterer Ruhe harrt der Lehrer. Durchflutet von dem Glanz der lebenspendenden Strahlen der Sonne der Erkenntnis, ist er von hoher Freude erfüllt bei den Gedanken an die Hilfe und Unterweisung, die er jenen gewähren kann, die dem Ruf ihres Herzens folgen.

Zu ihm kommt einer, der das Dasein eines größeren Lichtes ahnt, als dies auf den offenen Pfaden des Lebens erlangt werden kann. Durstig nach Wissen ist er bereit, als Schüler dem zu folgen, der seiner Seele Sehnsucht stillen kann.

So wird ein heiliger, geweihter Bund geschlossen.

DER SCHÜLER:

Mit offenem Ohr vernahm ich die frohe Botschaft – und so möchte ich teilnehmen an dem, was der Meister für uns bereitet hat. Mit ernstem Herzen und offenem Gemüt komme ich zu dir, o Lehrer. Mich verlangt nach Wahrheit, mich hungert nach Erkenntnis, und doch erkenne ich nicht jenes Sehnens Quell.

DER LEHRER:

Sei willkommen, o Lernender; das Festmahl ist bereitet. Nimm daran teil und empfange, was den göttlichen Hunger deines Herzens stillt. Deines Sehnens Quell entspringt dem Heimweh, der Erinnerung der Seele an unsere spirituelle Heimat, aus der wir kamen und zu der zurück nun wieder unsere Reise führt.

Es ist ein Hunger in jedem Menschenherzen, den nichts befriedigen oder stillen kann, ein Hunger nach höheren Dingen, als den Menschen des Alltags bekannt, ein Hunger nach dem Wirklichen, ein Hunger nach dem Erhabenen. Er ist das Heimweh der Seele, der Geistseele des Menschen.

Unbewusst, seherisch, ohne dass der denkende Verstand daran beteiligt ist, erschauen die Menschen die erhabene Vision auf den Bergesspitzen des mystischen Ostens. Ach, dieses brennende Heimweh nach dem Unbeschreibbaren, nach dem Unsterblichen, nach dem Todlosen, nach dem, was unnennbaren Frieden bringt und eine Liebe, die grenzenlos in ihrer Weite ist! Eines jeden

Menschen Herz fühlt dies, und es ist die rettende Macht im Menschen, das, was ihm Hoffnung verleiht und sein Streben nach Höherem weckt, was seine Seele erhebt durch die Erkenntnis der Herrlichkeit, die einst sein war.

Licht für das Gemüt, Liebe für das Herz, Begreifen für den Verstand: alle drei müssen in jedem Menschen befriedigt werden, ehe er wahren Frieden findet.

DER SCHÜLER:

O Lehrer, gibt es einen Pfad, der zu den Bergesspitzen des mystischen Ostens führt?

DER LEHRER:

Es gibt einen Pfad, einen erhabenen Pfad der Weisheit und Erleuchtung, der für jeden Menschen in irgendeiner seiner Verkörperungen auf dieser Erde beginnt und dann nach innen führt. Es ist der Pfad des Bewusstseins und der spirituellen Erkenntnis, der immer mehr, immer weiter nach innen führt zum mystischen Osten, der das Herz des Universums ist. Es ist dein innerster Kern – die aufsteigende Sonne des spirituell-göttlichen Bewusstseins in dir.

Jede Fähigkeit, jede Energie, alles ist in der tiefsten Tiefe deines Wesens enthalten, das sozusagen dein Weg ist, auf dem du aus dem Herzen des Seins, deinem spirituellen Selbst, herauswächst.

DER SCHÜLER:

Ist der Pfad zum Herzen des Universums nur einer und doch für jeden Menschen verschieden?

DER LEHRER:

So wurde es verkündet, denn dies bedeutet, dass ein jeder Mensch selbst jener Pfad ist – jener Pfad, der aus Denken, Bewusstsein und dem Gefüge seines eigenen Wesens gebildet ist. Er besteht aus der Substanz des Herzens der Natur.

Es gibt einen Weg, der ist lang und auch breit. Das ist der Weg, auf dem du den dahineilenden Energiestrom der Natur mit dir hast. Und wenn du diesem Weg folgst, wirst du zu deiner Zeit auch einmal Vollkommenheit erlangen; doch dies ist der Weg langsamer, langwieriger Entwicklung, der dich in jedem Erdenleben ein kleines Stückchen vorwärts bringt.

Es gibt aber auch einen anderen Pfad, steil und dornig, schwierig zu begehen. Das ist der Weg, den die Großen der menschlichen Rasse eingeschlagen haben. Er ist der kürzere Pfad, doch auch der schwierigere. Er ist der Pfad der Selbstüberwindung, der Pfad der Selbsthingabe an das All, der Pfad, auf dem der persönliche Mensch zum unpersönlichen Buddha, zum unpersönlichen Christus wird; der Pfad, auf dem du alle Eigenliebe aufgibst, da dein ganzes Wesen erfüllt wird von Liebe zu allen Dingen, groß und klein.

Es ist ein mühevoller Pfad, denn es ist der Pfad der Einweihung; es ist der steile und dornige Pfad zu den Göttern. Denn wenn du die Höhen des Olymps erklimmen willst, musst du dem Pfad folgen, wie er vor dir liegt.

Im Osten kannte man seit unvordenklichen Zeiten vier „Pfade"*, denen die vier Klassen oder Arten von Menschen nach dieser alten hindustanischen Theorie folgen.

Der erste ist Karma-Mârga, der Pfad des Handelns – der „Erlösung durch Werke".

Der zweite ist Bhakti-Mârga, der Pfad der „Erlösung durch den Glauben".

Diese zwei Pfade oder diese zwei Systeme der Vervollkommnung von Herz und Gemüt des Menschen sind auch im Westen mehr oder weniger bekannt und wurden Erlösung durch Werke bzw. Erlösung durch den Glauben genannt. Doch sind diese zwei Pfade nicht die höchsten.

Der dritte Pfad ist Râja-Yoga-Mârga, der Pfad von Râja-Yoga: der Pfad, dem die strebende Wesenheit folgt, um Freiheit und Licht zu erlangen, um durch bewusstes strebendes Bemühen zu jener

*Diese vier Pfade entsprechen genau den vier sozialen und politischen Schichten der frühen Kulturen Hindustans in der vedischen Periode: der *Śûdra* (Ackerbauer), der *Vaiśya* (Handeltreibender), der *Kshatriya* (Verwaltungsbeamter, Krieger, König, Fürst, kurz, die Klasse der Staatsbeamten usw.) und viertens der *Brâhmaṇe* (der Philosoph und Weise).

wirklichen Vereinigung mit dem inneren Selbst zu gelangen. Und der vierte Pfad – den Erwählten der Menschheit vorbehalten – wurde Jñâna-Mârga, der Weisheitspfad, genannt: der „Pfad" der großen Seher und Weisen und des edelsten Teiles der Menschheit.

Schön sind die Pfade, erhaben das Ziel und rasch die Füße derer, die dem Weg der stillen, leisen inneren Stimme folgen; und dieser Weg führt zum Herzen des Universums. Dies ist der Kern der Botschaften der großen Mysterien des Altertums – die Vereinigung des einfachen Menschen mit seinem göttlichen Ursprung, mit der Wurzel von ihm selbst, die mit dem ALL verbunden ist; denn jener Kern ist ein Funke des zentralen Feuers, ein Funke der Göttlichkeit; und dieser Funke ist in einem jeden.

Das Göttliche wohnt in deinem Herzen. Es ist deine Wurzel. Es ist der allerinnerste Kern deines Wesens; und du kannst emporsteigen auf dem Pfad des spirituellen Selbstes, Schleier um Schleier der verdunkelnden Selbstheit hinter dir lassend, bis du die Vereinigung mit jenem inneren Göttlichen erreichst. Das ist das erhabenste Erlebnis, das dem Menschen bekannt ist – die Erforschung des menschlichen Selbstes.

Indem du diesem inneren Pfad der Selbsterkenntnis folgst, wirst du nicht nur die Höhen des Parnass oder Olymps erklimmen, sondern du wirst mit der Zeit so an Verständnis und innerem Schauen wachsen, dass deine Augen weite Gebiete und Fluten inneren Lichtes aufnehmen und dir die heiligsten und schönsten und daher erhabensten Mysterien des grenzenlosen Alls offenbar werden.

DER SCHÜLER:

Sage mir, o Lehrer, was ist der erste Schritt auf dem Pfad zum Herzen des Universums?

DER LEHRER:

Der erste Schritt auf dem Pfad zum Herzen des Universums ist die Erkenntnis der Wahrheit, dass alles von innen kommt. Alle Inspiration des Genies, all die erhabenen Gedanken, welche die Zivilisationen aufbauten und zerstörten, all die wunderbaren Botschaften, die von den Großen der Erde an ihre Mitbrüder gerichtet worden sind – dies alles kommt von innen her. Das Ringen um die Vereinigung, um das Einssein und die Verschmelzung mit deinem inneren Gott ist mehr als zur Hälfte gewonnen, wenn du diese Wahrheit erkennst.

Und wie herrlich erweist sich der Pfad danach! Wie groß und schön ist er! Immer weiter und tiefer führt er nach innen – man könnte ebenso gut sagen, nach oben –, immer höher und höher hinauf, bis du eins wirst mit deinem eigenen

Geschlecht – den Göttern, welche die Lenker und Herrscher des Universums sind und deren Kinder die Menschen.

Das, was in deinem tiefsten Innern wohnt, ist ein Gott, eine lebendige Göttlichkeit; und von dieser göttlichen Quelle fluten hinunter in dein menschliches Gemüt all die Dinge, die den Menschen erhaben machen, alles, was Liebe und mächtige Hoffnung, Sehnen und Inspiration wachruft und, das Edelste von allem, Selbstaufopferung.

In dir selbst liegen alle Mysterien des Universums. Durch dein inneres Selbst, deine spirituelle Natur, hast du einen Weg, der zum wahren Herzen des Universums führt. Wenn du vorwärtsdringst auf jenem Pfad, der immer weiter nach innen führt, wenn du in dich gehen kannst, Schleier um Schleier der Selbstheit wegziehst, tiefer und immer tiefer in dich eindringen kannst, dann dringst du auch tiefer und immer tiefer in die wundersamen Mysterien der universalen Natur ein.

Wenn du dich selbst erkennst, schreitest du mit größerer Schnelligkeit vorwärts, als der allgemeine Strom der Entwicklung dahingleitet; und wenn diese Geschwindigkeit auf das Äußerste gesteigert ist, gibt es Initiationen – „Abkürzungswege" –, doch nur für jene, die geeignet und bereit sind, diese schwierigen, sehr schwierigen Abkürzungswege zu begehen. Wachstum erfolgt schrittweise.

Dieser Pfad wird ein „Weg" genannt, er bedeutet jedoch das Aufschließen des Menschenherzens – nicht des physischen Herzens, sondern des Herzens seines Wesens, der Essenz des Menschen, mit anderen Worten die Erschließung und Entwicklung seiner spirituellen, intellektuellen und psychischen Kräfte und Fähigkeiten. Dies ist die Herzenslehre, die geheime Lehre, die Lehre, die verborgen ist. Die Augenlehre betrifft das Sichtbare und ist mehr oder weniger offenbar.

Jene, deren innere Fähigkeiten und Kräfte mehr in wirksame und bewusste Tätigkeit getreten sind, jene, bei denen, als sie vom „jugendlichen" ins „reifere Alter" traten, sich auch ihre innere Natur weiter entwickelt hat – in irgendeinem Leben –, sie sind die Geeigneten, die Neophyten, deren Natur sich öffnet, deren Ohren zu hören und deren Augen zu sehen vermögen, was vor ihnen steht.

Jene, welche die Intuition von etwas Größerem in sich haben, von etwas Herrlichem und Erhabenem, von etwas, das der knospenden Blume gleich in Herz und Gemüt heranwächst, sie sind es, die schließlich mehr sehen werden. Sie sind die Initiierten, die zu den großen Sehern und Weisen werden.

Es gibt keine Bevorzugung in der Natur. Die alte, alte Regel ist eine wahre Regel. Der Mensch bekommt, was er selbst zu erlangen vermag – *was er selbst ist.*

Der Mensch ist ein untrennbarer Teil des Universums, in dem er lebt und webt und sein Dasein hat. Es besteht keinerlei Trennung zwischen seinen Wurzeln und den Wurzeln des Universums, es liegt kein Zwischenraum zwischen ihnen. Dasselbe universale Leben strömt durch alles, was da ist. Derselbe Bewusstseinsstrom, der in und durch das mächtige Ganze des Universums fließt, fließt daher auch durch den Menschen, einen untrennbaren Teil jenes Universums. Dies bedeutet, dass es einen Pfad gibt, auf dem du in enge Beziehung zu dem Herzen des Universums selbst kommen kannst. Und dieser Pfad bist du, dein eigenes inneres Wesen, deine eigene innere Natur, dein spirituelles Selbst. Nicht das Selbst des gewöhnlichen physischen Menschen, das nur ein armseliger Widerschein des spirituellen inneren Glanzes ist, sondern jenes innere Selbst aus reinem Bewusstsein, aus reiner Liebe für alles, was da ist, unbefleckt von allem irdischen Makel – dein spirituelles Wesen.

Wenn du diesem inneren Pfad zu deinem inneren Gott, deinem Höheren Selbst folgst, wirst du im Laufe der grenzenlosen Zeit alle Mysterien und Wunder der unermesslichen Unendlichkeit erlangen. Dein ganzes Wesen werden solches Glück, solcher Frieden, solche Seligkeit, Schönheit, Liebe und Inspiration erfüllen, dass jeder Hauch von dir eine Segnung und jeder Gedanke eine erhabene Inspiration sein wird.

DER SCHÜLER:

Wie kann man das Leben so führen, dass man auf diesem Pfad vorwärtsdringt?

DER LEHRER:

Ich will dir sagen, wie das Leben zu führen ist. Ein reines Herz, ein lauteres Gemüt, ein scharfer Verstand, das Suchen nach unverschleierter spiritueller Wahrnehmung: dies sind die ersten Stufen der goldenen Leiter, auf der du zum Weisheitstempel der Natur emporsteigen wirst.

Dieses „Leben des Lebens“ hat nichts zu tun mit törichtem Büßertum wie Martern des Körpers und anderen solch nutzlosen Verfahren der Selbstzerstörung. Nicht im Mindesten.

Man begegnet in der Welt der durchaus falschen Vorstellung, dass der Weg zum Erwerben des „Himmelreiches“ (um den gewöhnlichen christlichen Ausdruck zu gebrauchen) in der Aufgabe deines Menschseins bestehe; dass der Weg zur Stärke durch die Torheit führe und der Weg zum Erreichen von göttlichem Frieden und Harmonie nur durch die Aufgabe des gesunden Menschenverstandes zu finden sei. Der sogenannte Asket ist auf dem falschen Pfad. Nie wird ein Mensch das „Himmelreich“ lediglich dadurch erreichen, dass er nur von Kartoffeln und Rüben lebt oder nachts nur eine halbe Stunde schläft oder sich auf ein Stachelbrett legt, sich dieser Sache enthält oder jene körperliche Tat vollbringt.

Oh, was ich von Menschen erzählen könnte, die ihren Körper unterjochten, wie sie meinten, und dabei doch von niedriger Gesinnung und ganz und gar verdorben waren! Das Böse hat seinen Sitz nicht im Körper, schlechtes Tun stammt nicht aus dem Körper. Der Körper ist ein unverantwortliches Werkzeug deines Willens und deiner Intelligenz. Deinen Willen und deine Intelligenz musst du schulen, denn dann erziehst du dich selbst, wirst zu einem wahren Menschen und bist auf dem Pfad zum Gottmenschentum.

Ertöte nicht deine Persönlichkeit; vernichte nicht deine Persönlichkeit, indem du sie auszulöschen versuchst. Du hast sie selbst ins Dasein gebracht; sie ist ein Teil von dir, der empfindsame und psychische Teil, der niedere mentale Teil, der leidenschaftliche Teil von dir, das Ergebnis einer äonenlangen Entwicklung in der Vergangenheit. Erhebe die Persönlichkeit. Läutere sie, erziehe sie, mache sie wohlgestaltet und in Übereinstimmung mit deinem höheren Wollen und Denken, veredle sie, mache sie zum Tempel eines lebenden Gottes, sodass sie zu einem geeigneten Gefäß, zu einem reinen und unbeschmutzten Kanal wird, durch den die glänzenden Strahlen des inneren

Gottes in das menschliche Bewusstsein strömen können – diese glänzenden Strahlen, die Strahlen des Geistesbewusstseins, des spirituellen oder göttlichen Bewusstseins.

Nicht die Unterdrückung des Persönlichen macht den spirituellen Menschen frei, das Erhöhen des Persönlichen zum Spirituellen ist die Absicht der Evolution. Das ist dasselbe, was die natürliche Evolution in ihrem langsamen Werdeprozess im Laufe der Zeitalter zu vollbringen bestrebt ist: das Niedere zum Höheren emporzuheben, es aber nicht zu ertöten oder zu unterdrücken.

Sei so heilig, edel und rein, wie du dir nur vorstellen kannst. Dann kannst du deinen Körper vergessen. Dann kannst du deine Persönlichkeit vergessen, die durch den Körper zum Ausdruck kommt; und mit deiner Persönlichkeit meine ich alle deine niederen Fähigkeiten, den niederen mentalen und empfindenden Teil von dir: deine Launen und all die anderen Emotionen. Erlöse deine niederen Bestandteile, sodass sie edleren und höheren Zwecken dienen können.

Wenn das Persönliche verwandelt, verklärt worden ist, wenn das Persönliche fähig ist, den erhabenen Einstrom des Gottes in dir mehr oder weniger zu offenbaren – deine eigene innere spirituell-göttliche Strahlenkraft –, dann wirst du auf Erden gleich einem Gott in Menschengestalt wandeln und wie ein Gott handeln. Denn jeder ist der irdische Ausdruck seines eigenen inneren Gottes. Du bringst auf der physischen Ebene so viel von der göttlichen Essenz, die dein Wesen durchströmt, zum Ausdruck, wie dir deine Entwicklung zu offenbaren gestattet. Daher zögere nicht länger, den inneren Gott zu offenbaren. Du kannst es, und wahrlich, der Lohn, der dann deiner harrt, ist unsagbar groß und schön!

In dem Maße, wie du dich mit deinem eigenen inneren Gott verbindest, mit jenem Quell des Göttlichen, der beständig dein inneres Wesen durchströmt, in demselben Maße erhöht sich dein Bewusstsein und nimmt zu an Macht und Umfassungsvermögen, sodass Hand in Hand mit dem inneren Wachstum sowohl gesteigertes Schauen kommt als auch das geweitete Bewusstsein die Deutung des so Geschauten ermöglicht.

Wende deinen Blick nach innen, nicht nach außen! Das soll jedoch nicht bedeuten, dass du ausschließlich nach innen und niemals nach außen schauen sollst. Das ist damit nicht gemeint. Du musst in beide Richtungen blicken. Doch suche die Wahrheit nirgendwo anders als in der Fähigkeit, welche die Wahrheit erkennt, das heißt in deinem innersten Selbst, denn es allein kann die Wahrheit erkennen.

Der unruhige, von den Gedanken des Tages, von den Wünschen der Stunde, von so flüchtigen Vorurteilen und Ansichten erfüllte Gehirnverstand ist es, der dich am Schauen der Wahrheit, an der Erlangung des erhabenen Schauens hindert; und mit nichts anderem ist er so sehr behaftet wie mit diesen Dingen.

Du kannst die Wahrheit nicht erkennen außer mit Hilfe des erkennenden Prinzips; du kannst nichts außerhalb von dir verstehen, wenn nicht mit dem und durch das verstehende Prinzip in dir; und doch, was außerhalb von dir ist, ist auch gleichermaßen in dir, denn du bist ein untrennbarer Teil des Alls, dessen Kind du bist. Jede Wesenheit ist ein untrennbarer Teil des grenzenlosen Alls, weil sie sozusagen sein Spross, sein Kind ist, Leben von seinem Leben, Blut von seinem Blute, Denken aus seinem Denken. Und den Weg zu diesem erhabenen Schauen und zu immer erhabenerem Schauen findet der, welcher nach innen schaut, der dem stillen, unscheinbaren Pfad des inneren Bewusstseins folgt. Das ist der Sinn der Aufforderung: Mensch, erkenne dich selbst!

Nichts kann dich dann in die Irre führen, nichts kann dich von dem abbringen, was du in deinem tiefsten Herzen bist; denn das Göttliche wird für dich kämpfen, das Göttliche wird deine Bürde tragen. Auch wenn dein Herz jetzt noch von Schmerz und Leid zerrissen und gequält ist, sodass du oft nicht weißt, wohin du dich wenden sollst, werden sich dann Frieden und Liebe in dein Herz senken, und sie werden dich führen und erleuchten und deinen Pfad zu den Göttern erhellen; und dieser Pfad bist du selbst, dein göttliches Selbst, das im Göttlichen, im Herzen der Dinge verankert ist. Folge jenem Pfad, bis du als selbstbewusster Gott in das Leben des All-Göttlichen eintrittst.

Das Mittel, den Zugang zu diesem Pfad zu finden, das Mittel, ihm näher zu kommen, ist Selbstvergessenheit, geradeso wie alle kleinen und persönlichen Dinge von dir abfallen, wenn du auf den fernen Bergesspitzen den Schein der Morgendämmerung siehst. Der sich selbst vergessende Mann ist groß; die sich selbst vergessende Frau ist erhaben. Die Selbstvergessenheit (erstaunliches Paradoxon!) ist der Weg zum Finden des göttlichen Selbstes.

DER SCHÜLER:

Ist dieser Pfad lediglich durch Selbstvergessenheit zu erreichen, durch ein Leben in brüderlicher Liebe und unermüdlichem Wirken für das spirituelle Wohl anderer, ohne jedes verstandesmäßige Erfassen dessen, was vor sich geht?

DER LEHRER:

Nein, jede Fähigkeit der menschlichen Natur muss bei diesem hohen und erhabenen Werk aktiviert werden. Keine unvollkommene Wesenheit kann die Höhen des Parnass erklimmen, kein

Menschenwesen kann den Gipfel des Olymps ersteigen, es sei denn, es ist den Göttern ähnlich geworden und befindet sich auf dem Wege der Entwicklung aus dem Menschlichen zum Göttlichen.

Daher muss die Verstandeskraft, eine der edelsten Kräfte in der inneren Konstitution des Menschen, ebenfalls entfaltet werden. Wie das Empfinden muss auch das Verstehen seinen Platz haben. Beide sind notwendig. Wenn diese beiden verbunden und harmonisch aufeinander abgestimmt sind, dann ist der Weise und Seher fertig. Du kannst die Höhen nicht erreichen, wenn du einen Teil von dir unten im Tal lässt. Du musst emporsteigen – dein ganzes Wesen. Schule dein Gemüt, schule deinen Willen, schule dein Herz, schule deinen Verstand.

Wenn du dich deinem größeren Selbst zuwendest, welches der höhere Teil deiner Konstitution ist, wenn du zum inneren Buddha, zum inneren Christus geworden bist, dann magst du wohl die physische Persönlichkeit und die mentale Persönlichkeit aufgeben wie all jene hemmenden Dinge, die dich peinigen und quälen und dir Leid und Unannehmlichkeiten bereiten, und du kannst in das erhabene Licht des Geistes treten und das Persönliche verlieren, um das Göttliche zu empfangen. Es ist des Lohnes wert, alles um seinetwillen hinzugeben. Wenn ein Mensch sein Leben dahingibt um des inneren Christus willen, dann wird er ihn finden, weil er dadurch in das universale Leben eintritt.

Wenn du so handelst, verlierst du nichts von wesentlichem und wirklichem Wert. Du gibst nichts auf, was wertvoll, schön und edel ist. Was du tust, ist ein Abwerfen der Fesseln und Ketten, die deine inneren Kräfte binden. Was du tust, ist das erste Hinausschreiten in die Freiheit und ins Licht.

Wer möchte freiwillig in einem Kerkerverlies bleiben? Gib dein persönliches, niederes, materielles Selbst auf, dein selbstisches Leben auf dieser groben physischen Ebene, und du wirst beginnen, das Dasein des ewigen Lebens zu ahnen mit all der Weisheit und Macht in seinem Gefolge, mit all den gesteigerten Kräften und größerem Schauen, das dir dann zufallen wird. Wenn du hierin Erfolg hast, dann hast du wahrhaft das erhabene Schauen erlangt.

Dort, in dem fernen mystischen Osten, auf den Bergesspitzen des Geistes wirst du die aufgehende Sonne erblicken. Du selbst wirst eingehen ins Licht und in die Freiheit. Du wirst niemandem untertan, niemandem zu Gebote sein, du wirst ein freier Mensch sein: geistig frei, intellektuell frei; denn dann wirst du eins geworden sein mit der spirituellen Natur. Du wirst in den Tempel des Heiligen in deinem innersten Herzen eingegangen sein, und dort, im Allerheiligsten, wirst du deinen eigenen inneren Gott erschauen.

Oh, wie wundervoll, heilig, erhaben und inspirierend wie keine andere ist diese Wahrheit: dass in einem jeden ein namenloser Brunnquell der Stärke, der Weisheit, der Liebe, des Mitleids, des Verzeihens, der Reinheit ist. Verbinde dich mit diesem Urquell der Stärke; er ist in dir, niemand kann ihn je von dir nehmen. Sein Wert ist kostbarer als alle Schätze des Universums, denn wenn du ihn erkennst und eins mit ihm wirst, bist du zum All geworden.

Eine leitende Intelligenz tritt uns deutlich in allen Dingen entgegen. Was in den Sternen ist, ist auch in den Blumen zu unseren Füßen; und die unbewusste Erkenntnis dieser Qualität des Schönen lässt den Dichter von der Blume als von einem Stern der Schönheit sprechen. Dieselbe Lebenskraft durchpulst Blume und Stern. Dieselbe helle Flamme der Intelligenz gibt ihr ihre erlesene Form, Gestalt und Farbe, und dieselbe helle Flamme der Intelligenz lenkt auch den Zug der Sterne auf ihren Himmelsbahnen.

Alter, Krankheit und Tod

Alter, Krankheit und Tod

DER SCHÜLER:

Wie schön ist die Welt, die uns umgibt! Der Sonnenaufgang über den östlichen Bergesspitzen ist eines der schönsten und herrlichsten Erlebnisse, die ich kenne.

DER LEHRER:

Er ist so schön für dich, weil er in dir eine Harmonie des Verstehens wachruft, die der Schönheit der Natur am Morgenhimmel entspricht. Alle Schönheit ist daher im Bewusstsein des Wahrnehmenden, wo in einem sehr wahren Sinn alle Dinge sind, die wir erkennen.

Du kannst äußere Schönheit nur dann wahrnehmen, wenn du Schönheit in dir trägst. Du kannst das Schöne nicht verstehen, es sei denn, du selbst bist in deinem Innern schön. Du kannst Harmonie nicht verstehen, wenn du nicht in deinen inneren Teilen Harmonie bist. Alle Dinge von Wert sind in dir, und die Außenwelt gibt dir nur den Anreiz zur Betätigung der Fähigkeit des Verstehens in dir.

Es liegt Schönheit im Verstehen, und Verstehen entspringt nur einem verstehenden Herzen, so widerspruchsvoll das auch anfangs klingen mag. Das verstehende Herz besitzt die Kraft des Schauens.

Der Seher ist bestrebt, das Auge des Schauens in sich zu öffnen, und die Natur spricht zu ihm in Tönen, die mit jedem Jahr herrlicher und schöner erklingen, da er innerlich wächst. Sein Verstehen gewinnt an Breite und Tiefe. Das Flüstern der Bäume, das Rauschen der Blätter, das sanfte Brausen der Wellen am Gestade, das Zirpen des Heimchens, das Girren der Taube, der Klang einer menschlichen Stimme – so misstönend sie oft auch sein mag – enthalten Wunder für ihn. Er erkennt seine Verwandtschaft mit allem, was da ist. Er nimmt wahr, dass er nur ein Element ist in einem wunderbaren Lebensmosaik, dem er unzertrennlich eingegliedert ist, und dass in dem Maße, wie die Fähigkeit des Schauens wächst, dasselbe immer schöner und erhabener wird. Er weiß nun, dass dort die erhabene Vision ist, und strebt danach, sie immer klarer zu erschauen.

Von jedem Baum, von jeder Blüte, von jedem Sandkorn, das unter deinem Fuße knirscht, von allem, was da ist, könntest du lernen, wenn du das Auge des Schauens hättest. Hast du nie in den Kelch einer Blume geblickt? Hast du nie der

Schönheit, dem Ebenmaß und der Herrlichkeit, die dich umgeben, tieferes Nachdenken gewidmet? Hast du nie die Morgen- oder die Abendsonne betrachtet und den Farbenglanz am östlichen oder westlichen Himmel bewundert? Hast du nie einem Mitmenschen tief ins Auge geschaut, hast du nie mit sehendem Auge auf deine Artgenossen geblickt? Hast du dort nie Wunder entdeckt? Wie wunderbar ist die Welt, von der wir umgeben sind!

DER SCHÜLER:

All dies habe ich gesehen, und ich habe darüber nachgedacht. Und doch, o Gurudeva, trotz all der Schönheit, die uns umgibt, tut mir mein Herz weh, und tiefe Niedergeschlagenheit bemächtigt sich meines Gemütes bei dem Gedanken an der Menschheit Jammer, der aus den drei düsteren Worten spricht – Alter, Krankheit und Tod.

DER LEHRER:

Lerne dein Gemüt beherrschen, Lanu. Der Mensch ist der Götter Spross, und sein Gemüt sollte gottähnlich, sein Denken himmelstrebend sein. Sein Herz sollte sich immer mehr in Liebe öffnen, und gottähnlich sollte deshalb auch seine Haltung sein.

Tritt ein in die stillen Tiefen deines Herzens, tritt ein in die schweigsamen Kammern deines inneren Wesens. Bald wirst du lernen, an der Tür deines eigenen Herzens anzuklopfen. Die Übung macht den Meister. Intuition wird dir dann werden. Erkenntnis wird sofort in dir erwachen. Plötzlich wird dir Wahrheit aufleuchten. Das ist der Weg, das ist die Lehre.

An diesen Stätten des Schweigens wirst du Erleuchtung erlangen und des Schauens der Wahrheit teilhaftig werden, weil dein Geist – dein innerstes Herz und Selbst – eingegangen ist in das Innerste allen Seins, aus dem es stammt, von dem es nie getrennt ist, von dem es einst ausging und mit dem du in unmittelbarer, steter Verbindung stehst.

Erkenne diese wundervolle Wahrheit, nimm sie dir zu Herzen, denn es gibt unerschöpfliche Quellen der Weisheit, der Erkenntnis und der Liebe – ja, und der Macht: Macht über das Selbst zuallererst, und das bedeutet Macht über die Natur, in der wir leben und weben und unser Dasein haben. Denn der Kern deines Wesens ist der innere Gott, der göttliche Geist, der Christos-Geist, die buddhische Strahlenkraft in dir.

In diese Friedensstätte der Seele, in dieses Reich der Herzensstille, in das Allerinnerste des Menschen treten die Großen ein, wenn sie nach mehr Licht und größerer Erkenntnis verlangen; denn damit treten sie auch in den inneren Aufbau und das Gewebe des Universums ein. Sie erkennen die Wahrheit aus erster Hand, weil sie mit ihrem

Gemüt und ihrer Intelligenz – mit dem Organ der Sinndeutung – eins mit jenem All werden und sich im Gleichklang, in gleichem Rhythmus mit den Schwingungen auf allen Ebenen der Ewigen Mutter halten. Dort werden sie eins mit dem All und erkennen die Wahrheit unmittelbar.

Das Alter braucht dich nicht in Furcht zu versetzen. Wer recht gelebt hat, wer ein reines Leben geführt und hohe Gedanken gehegt hat, wird, wenn er ins Alter kommt, wenn die körperlichen Kräfte abnehmen und die stofflichen Schleier dünn werden, sehen und mit dem Sehen erkennen. Sein Schauen wird hinter den Schleier der Materie dringen, denn er wird mit den Mysterien hinter jenem Schleier langsam vertraut, den die Menschen Tod nennen.

Die Seele trennt sich nicht jählings vom gealterten Körper. Die Trennung, das Zurückziehen, geschieht vielmehr allmählich. Sie vollzieht sich während eines gewissen Zeitraumes, der vielleicht als Übergangsperiode bezeichnet werden könnte und dessen Länge vom Vorleben des Einzelnen abhängt. Damit wird auch das Zunehmen der sogenannten physischen Alterserscheinungen erklärt. Im Allgemeinen und bei normalem Verlauf geht dieses Zurückziehen der Seele friedlich und ruhig vor sich. Es ist die Weise der Natur, den Tod als stillen Wohltäter, als Bringer von Frieden und Harmonie eintreten zu lassen.

Der Tod ist *Geburt,* und anstatt des Losreißens, das freilich bei Todesfällen in jugendlichem Alter stattfindet, kommt der Tod zu unseren Alten in Frieden und Stille. Er schleicht sich wie ein Gnadenengel in ihr Wesen ein und löst die Bande, welche die Seele an ihr Gehäuse aus Fleisch und Bein binden; und der Übergang ist ebenso ruhig und sanft wie das Hereinsinken der Abenddämmerung vor der Nacht und ist ein seliger Schlaf.

Jeder Mensch ist imstande, ein schmerzliches Alter zu vermeiden oder seine Beschwernisse wenigstens beträchtlich zu mindern. Dies ist erreichbar durch einen menschenwürdigen Lebenswandel, durch ein Leben in deinem Höheren Selbst, nicht aber dadurch, dass du die Bedürfnisse und Begierden deines Körpers zu deinen Idealen machst. Dann kommt das Alter sachte zu dir, bringt Segnungen mit sich und steigert alle höheren Fähigkeiten und Kräfte, sodass sein Kommen durchklungen ist von den Harmonien einer anderen Welt, schön in seinen Lichtblicken von Wahrheit und Herrlichkeit.

Das Alter ist ein Segen, wenn das vorangehende Leben recht geführt wurde. Es bringt außerdem noch manche sonst unerreichbare Dinge mit sich, wie die Weitung des Bewusstseins, von der die Jugend nichts weiß. Es bringt eine gesteigerte Kraft des Denkens mit sich, die der weniger entwickelte

Mensch, die Jugend, Menschen im mittleren Lebensalter aufgrund ihrer Reichweite nicht verstehen und daher für vage Verallgemeinerungen eines Großvaters halten. Der Großvater ist jedoch der Wahrheit näher und sieht mehr als das noch unentwickelte Auge der Jugend. Ein schönes, hohes Alter bringt eine Weitung der Seele mit sich, nicht nur des Intellekts, sondern auch des spirituellen Bewusstseins und seines Schauens.

Doch manchmal, wenn das Leben von groben sinnlichen Begierden beherrscht war, wenn sozusagen die Bande, welche die Seele an den Körper fesseln, durch Nachgiebigkeit den groben Begierden gegenüber stark mit dem Gehäuse aus Fleisch verwachsen sind, dann ist der Tod selbst im Alter schmerzvoll; denn das natürliche, langsame Zurückziehen der Seele hat nicht stattgefunden, oder zumindest nicht in so hohem Maße; auch ist, wenn der Tod schließlich kommt, meist kein besonders hohes Lebensalter erreicht worden.

Das Alter ist nicht etwas, wovor man sich fürchten müsste. Es ist ein Segen. Es ist wie ein Lichtschein, der durch einen Schleier schimmert, ein Abglanz des jenseitigen Lebens, des höheren Lebens, des Lebens, in dem das höhere inkarnierende Ego tatsächlich lebt, ein Schattenbild kommender Ereignisse, die ihren Schatten vorauswerfen, die Schatten des kommenden Glanzes: das ist das schöne Alter!

DER SCHÜLER:

Mein Herz ist durch deine Worte beruhigt, o Lehrer, und mein Gemüt ist in Frieden. Doch sage mir, was soll ich von der Krankheit halten, dem zweiten der Übel, welche die Menschheit heimsuchen?

DER LEHRER:

Krankheiten sind Reinigungsprozesse, und für die Menschen unseres gegenwärtigen unvollkommenen Entwicklungszustandes sind sie in vielen, vielen Fällen ein vom Himmel geschickter Segen. Sie heilen von der Selbstsucht. Sie lehren Geduld. Sie führen das Denken zu einer Betrachtung der Schönheit des Lebens, der Notwendigkeit rechter Lebensführung. Sie erziehen zu Güte und Verständnis für das Leid anderer.

Betrachte den Durchschnittsmenschen in seinem gegenwärtigen unvollkommenen Entwicklungszustand, mit seinen Leidenschaften, seinem unbeherrschten Gefühlsleben, seinem wilden Begehren nach Sinnesempfindungen, nach mehr und immer mehr Sinnesempfindungen. Bedenke einen Augenblick: Was wäre, wenn die heutigen Menschen, so wie sie sind, Körper hätten, die gegen Krankheit gefeit wären und nicht durch Ausschweifungen geschwächt und getötet werden könnten? Siehst du nicht, dass die Dinge, so wie sie sind, etwas recht Gutes an sich haben? Krankheiten sind in Wirklichkeit Warnungen an uns, dass wir unsere schlechten Gedanken ändern und in Übereinstimmung mit den Naturgesetzen leben sollen.

Denke daran, dass nicht eine äußere und tyrannische Natur uns mit Krankheiten heimsucht; Krankheit ist in jedem Fall das Ergebnis oder die Folge unseres unrechten Handelns, von schlechten Gedanken und von üblen Taten, entweder in diesem oder in einem früheren Leben. Krankheiten mit ihrem Gefolge von Schmerzen und Leiden sind unsere besten, warnenden Freunde: sie erweichen unser Herz, sie weiten unser Gemüt, sie geben uns eine Gelegenheit zur Schulung unseres Willens und ein Betätigungsfeld für unsere moralischen Neigungen. Sie flößen uns auch Mitleid und Erbarmen für andere ein.

DER SCHÜLER:

Dann haben wir uns also unsere Krankheiten und unser Missgeschick selbst zuzuschreiben – lehrst du nicht das?

DER LEHRER:

Eben das. Es ist wahr, dass wir selbst all das Missgeschick verursacht haben, das uns im Leben begegnet. Wir haben es verdient, denn wir haben es auch erzeugt. Es kommt über uns, es trifft uns, und wir empfangen damit nur die Wirkung, das

Ergebnis der Saaten von Gedanken und Handlungen, die wir in der Vergangenheit gelegt haben – eine wunderbare Lehre: Karman!

Doch „gut“ und „übel“ sind relative Begriffe. Wir nennen Dinge „gut“, wenn sie uns gerade gefallen, und wenn sie uns nicht passen, sagen wir, sie sind „übel“. Und doch erwies sich gerade das, was dir nicht behagte, in manchen Fällen als etwas sehr Segensreiches, brachte dir Glück und Gedeihen, oder es verlieh dir wenigstens Charakterstärke, und dies ist mehr wert als alle Schätze der Welt. Es gab dir Einsicht, erschloss die Kräfte deines Herzens, lehrte dich denken, kurz: es machte einen mitfühlenden Menschen aus dir.

Nichts stößt uns zu, was wir nicht selbst am Anfang verursacht haben. Wir streuten die Samen. Jetzt sind die Saaten in uns aufgegangen, und wir sagen: Ich kann nicht verstehen, wie mir Derartiges zustoßen konnte. Doch es ist da, und wenn du es in der rechten Weise nimmst, ihm recht begegnest, dich richtig dazu stellst und es als das ansiehst, was du selbst gewählt haben würdest, wirst du zu einem Mitarbeiter des Geschicks: Glück, Wachstum und Stärke werden dir zuteil, und Weisheit geht in deinem Herzen auf.

Ich will es noch klarer machen am Beispiel eines außergewöhnlich guten und edlen Menschen. Plötzlich wird er, sagen wir, um es drastisch darzustellen, von einer schauderhaften, schrecklichen Krankheit befallen. Nichts in seinem jetzigen Leben hat, soviel er weiß, dies verursacht. Ganz plötzlich und auf unerklärliche Weise wird er niedergestreckt, sodass er sich eine Zeitlang selbst verabscheut und seine Seele sich in ihren Qualen zu den Göttern wendet, deren Ohren für ihn aber taub sind, und er sagt: „Was habe ich getan, dass mir dies zustoßen musste?" Sollen wir sagen, er sei ein schlechter Mensch gewesen? Nein, er ist ein guter Mensch; doch dies ist ein Fall, wo frühere Saaten, Gedanken- und Gefühlssaaten und Schwächen in vergangenen Leben nicht zum Durchbruch, nicht zur Reife gekommen waren. Jetzt aber brechen sie hervor. Jetzt gehen sie auf. Vielleicht wollten sie schon im vergangenen Leben aufgehen, doch war dieser Mensch ein Feigling und dämmte sie auf die eine oder andere Art durch sein Denken zurück und schob so das Leiden auf einen späteren Tag hinaus.

Die Lehre hieraus ist daher diese: Wenn Leid und Ungemach über dich kommen, wenn Unglück dein Herz peinigt, wenn es scheint, als stünde die ganze Welt gegen dich auf, dann sei ein Mann. Nimm es beherzt auf dich und bring es hinter dich, sodass du in kommenden Zeiten, wenn dein Charakter stärker und besser geworden ist, nicht mit noch ungekeimtem Samen karmischen Geschicks behaftet bist, der dann aufgehen und dir weit größeres Unglück bringen wird, als es jetzt der Fall sein könnte.

Es hat große und edle Menschen gegeben, Jünger des Pfades und fortgeschrittene Schüler, denen solches zugestoßen ist. Alte karmische Schicksalssamen, unterdrückt, zurückgehalten, durch den Willen zum Verschwinden gebracht, kamen zum Durchbruch und zerstörten scheinbar ein edles Leben.

Deshalb, wenn Leiden kommt, wenn Kummer in deinem Leben auftaucht, wenn Schmerzen dich heimsuchen, so nimm sie dir zu Herzen, denn sie sind Erwecker. Vergnügungen lullen dich in den Schlaf, die sogenannten Freuden lassen dich einschlummern. Leid, Kummer und Schmerzen – Veränderungen in deinen Lebensumständen, die dir nicht behagen –, diese drei sind deine Erwecker. Oh, dass du das erkennen mögest! Es wird dir Stärke verleihen. Es wird dir Frieden verleihen. Es wird deinen Geist erleuchten, sodass du den Problemen des Lebens erfolgreich begegnen kannst, es wird dir Trost und Hilfe bringen.

DER SCHÜLER:

Wahrlich, schon deine bloßen Worte bringen mir Trost und Hilfe. Doch welcher Teil des Menschen ist es, der leidet?

DER LEHRER:

Es ist nur das Endliche, das leidet; ebenso ist es auch das Endliche, das liebt; nur das Endliche, weil es lernt. Es lernt und wächst, wie klein oder wie groß es auch immer sein mag, Insekt oder Gott, Übergott oder Erdenatom: alle lernen und wachsen und gehen daher durch Zustände von Wohlsein und Glückseligkeit wie durch Schmerz und Leiden.

Alles, was *ist,* ist eine Gelegenheit für das schauende Auge und für das verstehende Herz, eine Gelegenheit zum Lernen, was Wachsen bedeutet. Und wenn du erkennst, dass Schmerz und Leiden zwei von den Mitteln sind, durch die wir wachsen, kommt Friede ins Herz und Ruhe ins Gemüt.

Was macht die majestätische Eiche zu dem, was sie ist? Sind es der säuselnde Zephyr und der sanft rieselnde Regen? Die Eiche wäre schwach und biegsam wie die Weide, wenn es so wäre. Nein, Sturm und Ungewitter müssen sich an der Eiche versuchen, und hieraus erwächst ihr Widerstandskraft und Stärke. Im Kampf mit Sturm und Orkan entwickelt sie ihre Stärke.

Die Menschenkinder lernen viel rascher als die Pflanze, die man ja unbeseelt nennt. Nichts lernt so rasch und leicht als des Menschen Herz. Daher schrick nicht zurück vor Schmerz und Leiden, denn sie sind bessere Lehrer als Glück und behagliches Zufriedensein. Das Letztere ist fast

Selbstmord im spirituellen Sinn, wenn du mit dir so behaglich zufrieden bist, mit dir und dem, was du bist, sodass du schläfst. Doch die Natur will es nicht immer so haben. Schließlich kommt der karmische Impuls, der karmische Anreiz, und dann leidest du ein wenig, aber nur, um aufzuwachen und zu wachsen. Preise dich glücklich, wenn Karman dich aufrüttelt, und sei nicht bange davor. Blicke auf den göttlichen Wesenskern in dir. Denke daran, dass alles, was geschieht, vergänglich ist und dass du aus allem lernen kannst und dadurch wachsen wirst – zunimmst an Größe und dich zu immer größerem Sein entfaltest.

Es ist nichts als ein Kampf des SELBSTES gegen das Selbst: nicht so sehr ein gegenseitiges Bekämpfen als ein immerwährendes Standhalten gegen starke störende Einflüsse, und dies ist in gewisser Weise eine spirituelle Übung. Diese Übung macht uns stark, gewandt und kraftvoll, bereit und fähig, noch größere Proben zu bestehen, größeren Schwierigkeiten standhaft entgegenzutreten. Der größte Freund, den wir haben, der edelste Reiniger von allem ist Leid, ist Schmerz; denn Herz und Gemüt müssen durch Schmerzen geläutert werden, genau so, wie Gold im Feuer geläutert wird.

Wir Menschenkinder haben dies im Allgemeinen nicht gern. Wir gleichen in dieser Hinsicht kleinen Kindern. Und doch verhält es sich so, und wenn wir darüber nachdenken, lernen wir bald, dass der wahre Mensch die Prüfungen und Schwierigkeiten des Lebens mit frohem Mut besteht.

Eine schöne, nützliche Regel ist die folgende: Was auch immer dir zustößt, trage es mannhaft. Betrachte es als gerade das, was du selbst auch gewollt hättest – und gewinne Frieden daraus. Es wird vorübergehen, es wird sich auswirken. Es ist eine gute, praktische Regel des Moralgesetzes: Jammere nicht, wende dein Antlitz dem mystischen Osten der Zukunft zu, wappne dein Herz mit Mut und denke daran, dass du vom Stamm und Geschlecht der unsterblichen Götter bist, die das All leiten und lenken.

DER SCHÜLER:

Gibt uns nicht auch das Höhere Selbst, neben dem karmischen Anreiz, beständige Warnungen?

DER LEHRER:

Es gibt tatsächlich Zeiten im Leben, in denen uns das Höhere Selbst wirklich auf Pfade der Prüfung führt, damit wir durch ein erfolgreiches Bestehen der Prüfungen wachsen. Aber das Höhere Selbst ist immer mit uns, uns beständig warnend durch Ahnungen und Eingebungen, dass wir mutig sein und das Leben beherzt meistern mögen, dass wir wahr, rein, stark, aufrichtig seien. Gerade dies sind die Eigenschaften der menschlichen Natur, die, wenn sie unentwegt zum Ziel des Strebens gemacht werden, uns vor Unheil bewahren. Das einzige wirkliche Unheil, das die Geistseele des Menschen kennt, ist Schwachheit, Versagen, Entmutigung. Körperliches Ungemach wie andere Drangsale des physischen Lebens sind oft verkappte Segnungen. Das Höhere Selbst lehrt uns, diesen mit rechtem Mut zu begegnen und sie siegreich zu überwinden.

Die innere Freude ist es, die uns zum Sieg führt, das Gefühl, dass wir etwas nicht erreichen können, bevor wir es denn *wollen.* Und dies könnte nicht so sein, wenn das Herz des Alls nicht Harmonie und Liebe wäre, denn das Herz der Dinge ist himmlischer Friede, Schönheit und Liebe.

Deshalb gedenke dieser Wahrheiten, wenn Schmerz und Leiden über dich kommen. Raffe dich auf, sei tapfer! Trotze dem Sturm, und ehe du dich dessen versiehst, wirst du blauen Himmel über dir haben, Erfolg und Gedeihen, denn du hast als Mensch gehandelt. Du bist durch die Prüfung gegangen, und sie hat dir Stärke verliehen.

DER SCHÜLER:

Der Mensch selbst ist also für seine Leiden verantwortlich. Aber sind nicht Gedanken die Erzeuger und Ursachen von Krankheit?

DER LEHRER:

Es ist wahr, dass alle physischen Krankheiten ihren letzten Grund in einer falschen Lebensanschauung haben, in einer falschen Willensrichtung des Einzelnen. Daher haben alle Krankheiten – nicht erst, wenn sie eine physische Ausdrucksform angenommen haben und ihr leidvolles Werk verrichten, sondern schon vorher – ihren Ursprung im Gemüt – in diesem oder einem früheren Leben. Willensschwäche, Nachgiebigkeit schlechten Gewohnheiten gegenüber – den Erzeugern von Gedankensamen, die im Gemüt Gedankenniederschläge zurücklassen – schwächen den Charakter. Ein schlechter oder falscher Gedanke offenbart sich im Körper und zerstört ihn schließlich durch schlechte Gewohnheiten. Kritiksucht, Pessimismus, Klagesucht und Tadelsucht sind in wahrstem Sinne des Wortes Gemütskrankheiten.

Jeder Weise und Seher hat dasselbe gelehrt: Reinige den Tempel des heiligen Geistes, treibe die Dämonen der niederen Natur hinaus. Was sind diese Dämonen? Deine eigenen Gedanken.

Unharmonische Gedanken vergiften nicht nur die Luft, sondern auch dein Blut, sie vergiften deinen Körper, und Krankheit ist die Folge. Was sind unharmonische Gedanken? Es sind selbstische Gedanken, böse Gedanken, niedrige Gedanken, mürrische Gedanken; und sie entstehen in einem Herzen, das keine Liebe hat. Vollkommene

Liebe im menschlichen Herzen führt zum Aufbau eines starken, von Natur aus reinen Körpers, weil dein Inneres seelisch und moralisch rein ist, harmonisch in seinen Funktionen; denn in diesem Fall wirken Gemüt, Seele und Geist – der wahre Mensch – harmonisch zusammen. Der Körper spiegelt nur das wider, was du selbst bist.

Du machst dich jetzt in hohem Maße zu dem, was du in zehn Jahren sein wirst. Du magst dann eine Krankheit überwunden haben, an der du jetzt noch leidest. Du magst eine Krankheit haben, die du jetzt noch nicht hast. In jedem dieser Fälle bist du selbst der Verantwortliche. Das sicherste Vorbeugemittel gegen Krankheiten ist eine selbstlose Seele, die durch ein selbstloses Gemüt wirkt – ein selbstvergessenes Herz. Nichts bringt so rasch Krankheiten über einen Menschen wie die Selbstsucht mit ihrem Gefolge von Versuchungen und das Erliegen diesen Versuchungen gegenüber. Sei völlig selbstlos, und aller Reichtum der Welt ist dein: Reichtum an Gesundheit, Reichtum an innerem Schauen, Reichtum an irdischen Gütern, Reichtum an Kraft, Reichtum an Liebe, Reichtum an Können, Reichtum an allem.

DER SCHÜLER:

Was ist das beste Mittel, um das Gemüt zu beherrschen? Zuweilen jagen die Gedanken durch das Gemüt gleich wilden Rossen. Wie können sie am besten gezügelt werden?

DER LEHRER:

Mühe dich nicht ab, du vergeudest dabei deine Kräfte. Male dir in deinen Gedanken Bilder aus vom Gegenteil der Dinge, die du verabscheust. Male dir die Dinge aus, die du wirklich innerlich liebst, die du wirklich in deinem Herzen mit Liebe hegst und die du als hilfreich erkennst. Das Geheimnis liegt in der Fähigkeit, innere Gedankenbilder zu entwerfen, in der Gestaltungskraft. Gebrauche sie daher recht!

Wenn du dich in düsterer Stimmung befindest, wenn du dich der Gedanken schämst, die in deinem Gemüt auftauchen, so mühe dich nicht mit ihnen ab, bekämpfe sie nicht, sondern vergiss sie einfach. Sie sind nichts als Trugbilder, die aus deiner eigenen Vergangenheit zu dir kommen. Du aber wende dein Antlitz gen Osten und schaue zur aufgehenden Sonne. Lass die Visionen in ihrem Glanz erstehen. Siehe die Bergesspitzen deiner Natur, auf denen die rosenfingrige Aurora der inneren Morgendämmerung das Gewebe ihrer wundersamen Zaubermacht vor deinen Augen erstehen lässt.

Hier liegt das Geheimnis deines Sieges. Dies ist der beste, der leichteste Weg, und du kannst ihn gehen, weil du durch die Kraft deiner Gedankenbilder und deines Willens der Schöpfer deines eigenen Geschickes bist. Dadurch tritt die schöpferische Fähigkeit in dir in Wirksamkeit. Dies ist eine so einfache Regel. Und doch ist sie die Botschaft der Weisen aller Zeiten.

Vergiss die üblen Gedanken und gib ihnen nicht ein künstliches Leben, indem du sie als Erinnerungsbilder in deiner Vorstellung erstehen lässt, um sie dann zu bekämpfen. Vergeude deine Energien nicht im Kampf gegen Unholde, die Gaukeleien und Gespenster deiner Einbildung. Dies sind nur die Trugbilder deiner eigenen Einbildungskraft, und sie haben außerhalb von dir keine Wirklichkeit. Doch können dich diese Erscheinungen und Gespenster manchmal überwältigen, und sie können zu einer zeitweiligen Wirklichkeit werden, weil du ihnen das Gerüst und die Macht der Gedanken gegeben hast. Du kleidest sie in Gedanken ein, und Gedanken jener Art werden deinen Körper dann beherrschen.

Stelle dir das Gegenteil vor. Male Bilder von Schönheit und Stärke in deinem Gemüt. Wenn du von diesen hässlichen Zerrbildern heimgesucht wirst, so male dir schöne Dinge aus. Das ist viel angenehmer und anziehender. Es ist ein wunderschönes Bestreben, und es ist immer wirksam. Schaue Dinge hoher und erhabener Art und stelle sie mit aller Kraft vor dein inneres Auge. Stelle dir vor, du habest Erfolg in edlen Dingen. Male dir etwas aus, was von Schönheit und innerem Glanz erfüllt ist.

Das Gemüt kann durch hohe und erhabene Gedanken veredelt werden. Selbst der Arbeiter kann, während seine Hände beschäftigt sind, in Gedanken die Linie seiner Ahnen bis zu den Göttern im endlosen Raum verfolgen und das erhabene Gefühl seiner göttlichen Herkunft sozusagen durch die Adern seiner Seele fluten lassen. Dabei kann er ein tüchtiger Mann sein.

Bringe deine Gedanken zum Schweigen. Das bedeutet nicht, dass du mit dem Denken aufhören, sondern dass du deine Gedanken beherrschen und bemeistern sollst. Sei nicht der Sklave jener umherschweifenden Gedankengesellen, die dein Gemüt zu ihrem Tummelplatz machen. Sei ein Mann! Erzeuge Gedanken und lenke diese deine Gedankenkinder. Und wenn sie unfolgsam werden, so setze ihnen einen Dämpfer auf. Bringe sie zum Schweigen.

Sei ein Denker, doch nicht so sehr von Gedanken als von Ideen. Mit anderen Worten: Unterlasse die ruhelose Tätigkeit deines Gehirnverstandes und tritt ein in die inneren Kammern deines Herzens, in die Tiefen deines Bewusstseins, in die heilige Stätte im Innern, und erschaue das Licht. Empfange das Licht. Bringe deine Gedanken zum Schweigen und tritt ein in das bewusste Sein.

Untersuche deine eigenen Gedankenvorgänge und sieh, wie viel Zeit du mit bloßem Hervorbringen von Gedanken vergeudest – Gedanken meist ohne jeglichen Wert – und wie du darüber versäumst, aus jenem erhabenen Urquell der Erkenntnis, der Weisheit und des Bewusstseins zu trinken, den du in dir hast, dem Quell der Inspiration und des Genius: von jenen Geistesquellen, jenen elysischen Brunnen, denen alles entströmt, was dem Leben Wert verleiht.

DER SCHÜLER:

Gibt es ein Kennzeichen, nach dem man bestimmen kann, ob irgendein Gedanke vom Höheren Selbst kommt oder lediglich einem selbstischen Verlangen entspringt oder von einem solchen Verlangen gefärbt ist?

DER LEHRER:

Dies ist das Kennzeichen, und es ist leicht unterscheidbar: Das Höhere Selbst ist unpersönlich, selbstvergessen, gütig, liebevoll, mitleidsvoll, erbarmend. Es hat erhabene Inspirationen. Die niedere Natur ist selbstsüchtig, eigensüchtig, habgierig, oft gehässig, unversöhnlich, heftig.

Das Höhere Selbst ist eine spirituelle Wesenheit und schwebt sozusagen über dem Schlamm des niederen Selbstes, wie die Sonne über der Erde leuchtet. Das Höhere Selbst hat einen gewaltigen

Einfluss auf das niedere Selbst, doch das niedere Selbst hat auf das Höhere Selbst keinerlei Einfluss, weder direkt noch indirekt. Das niedere Selbst hat jedoch gewaltigen Einfluss auf das menschliche Selbst, die Zwischennatur im Menschen.

Wenn das, was in dein Gemüt tritt oder durch deine eigene Willenskraft und dein Streben hineinkommt, dich zu guten Taten deinen Mitmenschen gegenüber antreibt, dir inneren Frieden und Trost bringt, dich gütiger und rücksichtsvoller gegen andere macht, so stammt es aus dem höheren Teil. Dieser höhere Ansporn mag ein Verlangen sein; doch ist es kein Verlangen zugunsten der eigenen Persönlichkeit; es ist ein geistiges Verlangen, ein Verlangen nach Größerem und Besserem, das Bestreben, anderen zu helfen, zu lieben, Übles zu vergessen und zu vergeben.

Ein gütiger Gedanke, einem anderen Menschen zugesandt, ist ein Schutz für diesen, und es ist ein köstlich Ding, solches zu tun. Es zeugt von Menschlichkeit, von wahrem Menschentum, und jeder normale Mensch tut es gern. Es gibt wenig Dinge, die für Herz und Gemüt so befriedigend sind wie das Gefühl, dass wir heute wenigstens nicht unfreundlich in unseren Gefühlen oder Gedanken gegen andere, sondern hilfreich, gütig, rücksichtsvoll und unpersönlich gewesen sind.

Das Säen von Gedankensamen ist eine Handlung, die voller Verantwortlichkeit ist. Jeder, der

Gedankensamen in das Gemüt seiner Mitmenschen sät, wird durch natürliches Gesetz zu strenger Rechenschaft gezogen. Die Natur ist keine Anarchie; sie wird überall durch das Gesetz von Ursache und Wirkung beherrscht – von Karman.

Während dies einem jeden, der andere lehrt und so Gedanken- und Gefühlssamen in ihr Gemüt streut, eine ernste Verantwortung auferlegt, so muss man andererseits auch fragen: Was ist der Lohn eines edlen Werkes? Der Lohn, die Belohnung ist herrlich!

Hüte deine Gedanken wohl, und beachte ebenso sorgfältig, was du sagst. Sprich wenig, doch wenn du redest, so sprich im vollen Bewusstsein deiner Verantwortlichkeit.

DER SCHÜLER:

Sage mir nun, o Lehrer, was ist ein Gedanke?

DER LEHRER:

Ein Gedanke ist eine lebende Wesenheit. All die zahllosen und mannigfaltigen Erscheinungen der Natur sind, soweit Differenzierungen in Frage kommen, auf die eine Tatsache gegründet, dass im Herzen einer jeden Wesenheit ein göttlicher Gedanke existiert, ein Same des Göttlichen. Dieser Same ist dazu bestimmt, die Äonen hindurch zu wachsen, bis sein innewohnendes Leben, seine Eigenart, seine Kräfte und seine Fähigkeiten zu mehr oder weniger vollkommenem Offenbarwerden erblühen. So kommt es, dass ein göttlicher Same oder eine Monade ihrerseits zu einer göttlichen Wesenheit wird, zu einer selbstbewussten Göttlichkeit, einem Kind des Allgöttlichen, dem sie entstammt.

Gedanken sind Dinge, weil Gedanken stofflich sind. Gedanken sind stoffliche Wesenheiten – nicht aus dem Stoff unserer physischen Welt gebildet, sondern aus feiner, ätherischer Substanz.

Der Mensch ist ein Brennpunkt schöpferischer Kräfte. Er ist ein Energiezentrum, das beständig zahllose Ströme und Fluten kleiner Leben von sich aussendet. Diese atomaren Leben, diese Lebensatome, verlassen ihn durch seine physischen Ausstrahlungen. Auch aus seinem Gemüt gehen sie hervor, und in seinem Gemüt sind sie Gedanken, die so in die Gedankenatmosphäre der Welt hinausströmen. Außerdem ist jeder Gedanke eine Wesenheit, denn offensichtlich könnte er nicht für den Bruchteil einer Sekunde bestehen, wenn ihm nicht irgendeine Art von Individualität innewohnen würde, die seine Beschaffenheit bestimmt, die ihn als Wesenheit in individualisierter Form bestehen lässt.

Diese Ausstrahlungen des schöpferischen Mittelpunktes, dieses Lebenszentrums, welches der Mensch ist, gehen als Gedanken in die unsichtbaren Reiche über und als seine physischen Ausstrahlungen auch in die physischen, sichtbaren Reiche. Aber die in die unsichtbaren Reiche übergehenden Gedanken, ob gut, schlecht, unwichtig, stark gefärbt, fast farblos, sehr erregt, kalt, heiß, rein, sanft, verrucht oder von anderer Beschaffenheit – alles Arten von Energie –, verlassen das Lebenszentrum, das der Mensch ist. Und diese ihn verlassenden Lebensatome machen nunmehr eine eigene Entwicklung durch und werden im Laufe der Zeit zur Zwischennatur im Wesen der Tiere.

Die Ausstrahlungen des Menschen bauen so die tierische Welt auf. Die Tiere nun zehren von diesen verschiedenen Arten von Lebensatomen, seien sie physisch, vital, astral, mental oder von anderer Art. Wie nun der Mensch Ströme von Lebensatomen aussendet, so strahlt auch die Sonne ihre Lebensessenz in den Raum hinaus. Sie gibt Leben, Energie und ätherische Substanz allen, die von ihren kraftspendenden Strahlen berührt werden, sowie auch ihren eigenen Atomen, Elektronen und was sonst noch der physischen Ebene angehört.

So strömt der Mensch fortwährend seine Lebensenergie aus. Die so von ihm ausgehenden Lebensströme geben den Wesenheiten der untermenschlichen Reiche Leben, evolutionäre Antriebe und ihre Besonderheiten; denn diese untermenschlichen Reiche sind die Entwicklungsprodukte der Gedanken und Lebensemanationen der menschlichen Rasse.

Gedanken des Hasses und der Zwietracht, die der Mensch hegt, seine oft tierischen Leidenschaften und die verschiedenen Arten unedler Energien, die aus ihm strömen, sind die Wurzeln der Dinge und Wesenheiten in den untermenschlichen Reichen, die der Mensch als feindselig und gefährlich für seine eigene Gattung ansieht. Hingegen bewirkt eine andere Art vitaler und mentaler Ausstrahlungen des Menschen, solche von höherstrebender, harmonischer, gütiger, freundlicher, ausgeglichener Natur, auf entsprechende Weise das Formen und Bilden der psychischen oder Zwischenprinzipien der unschädlichen, harmlosen und wohlgestalteten Tiere wie auch der großen Reihe nützlicher Gewächse und schöner Blumen im Pflanzenreich.

Da die Natur ein gewaltiger Organismus ist, ist alles untereinander verbunden. Daher können wir nicht atmen und denken, ohne Kräfte und Energien in Bewegung zu setzen, die schließlich die äußersten Grenzen unseres Heimatuniversums erreichen und über diese Grenzen hinausgehend in den Bereich anderer Universen eindringen werden.

Daher berührt sogar ein Gedanke über einen Stern diesen im Laufe der Zeit, wenn auch nur mit unendlich kleiner Wirkung. Diese Tatsache enthält eine wunderbare Wahrheit, und dazu eine Wahrheit, die uns nachdenklich stimmt.

Ja, selbst die Sterne werden durch dein Denken beeinflusst. Und bei jenen, deren inneres Schauen mehr geöffnet ist und die erkennen, dass jene herrlichen Lichtkörper, die über das blaue Himmelsgewölbe der Nacht verstreut sind, nur die stofflichen Gewänder einer inneren und glänzenden Bewusstseinsflamme darstellen, die sich als der Glanz dieser kosmischen Sonnen offenbart – gerade so, wie sich dein Bewusstsein durch dich als Mensch offenbart –, bei jenen, die so beginnen, zum Seher zu werden, reicht das Denken bis zu den Sonnen und den Sternen. Jeder ist einer Sonne Kind und daher ein Atom spiritueller Energie, und welcher Vater kennt sein Kind nicht und hört nicht auf sein schwaches Rufen?

DER SCHÜLER:

Welch unaussprechliche Freude ist es, o Gurudeva, der Weisheit deiner Worte zu lauschen. Alter und Krankheit haben ihren Schrecken für mich verloren; doch wie steht es mit dem dritten Weh, das die Menschheit heimsucht, dem Tod?

DER LEHRER:

Der Tod ist der Vater des Friedens und Glücks, der Erschließer, der Schauen verleiht. O schöner, erhabener Tod, größter und lieblichster Wechsel, den das Herz der Natur für uns in Bereitschaft hält! O Lanu, höre auf die Lehre.

Es gibt keinen Tod, wenn wir mit diesem Ausdruck ein vollständiges, absolutes und unbedingtes Aufhören von allem, was da ist, meinen. Der Tod ist Wechsel, geradeso wie die Geburt durch Wiederverkörperung – die Tod für die Seele bedeutet – ein Wechsel ist. Es ist kein Unterschied zwischen dem, was wir Tod, und dem, was wir Leben nennen, denn beide sind eins. Es handelt sich nur um einen Übergang in eine andere Erscheinungsform des Lebens. Der Tod ist eine Erscheinungsform des Lebens, geradeso wie das Leben eine solche des Todes ist. Er ist nicht etwas, wovor man sich fürchten müsste.

Der physische Körper des Menschen muss eine bestimmte Zeit lang schlafen, um seine Kräfte zu erneuern; so muss auch die psychische Konstitution des Menschen ihre Ruhezeit haben – im Devachan.

Der Tod ist ebenso natürlich, einfach und schmerzlos, er ist so schön wie das Wachsen einer lieblichen Blume. Er ist die Pforte, durch die der Pilgrim auf eine höhere Stufe tritt.

Beim Tod findet genau dieselbe Aufeinanderfolge von Ereignissen statt wie beim Einschlafen, wenn wir uns zur Ruhe gelegt haben und in jenes Wunderland des Bewusstseins hinübergleiten, das wir Schlaf nennen. Wenn wir erwachen, ausgeruht, gestärkt, erfrischt, und bereit sind zur Wiederaufnahme unserer Arbeit und Pflicht, so sehen wir, dass wir dieselbe Persönlichkeit sind, die wir vor dem Einschlafen waren. Im Schlaf findet eine Unterbrechung des Bewusstseins statt. Auch der Tod ist eine solche Unterbrechung. Im Schlaf haben wir Träume oder größere oder geringere Abwesenheit des Bewusstseins. Im Tod haben wir ebenfalls Träume, herrliche, wunderbare, spirituelle Träume – oder vollständige Abwesenheit des Bewusstseins. Wie wir vom Schlaf erwachen, so auch kehren wir bei der nächsten Wiederverkörperung zur Erde zurück, um in einem neuen menschlichen Körper die Aufgaben unseres karmischen Lebens aufzunehmen.

Es gibt freilich einen Unterschied zwischen Schlaf und Tod, doch ist dies ein bedingter und kein wesentlicher Unterschied: Nach dem Schlaf kehren wir in denselben Körper zurück, während wir nach dem Tod einen neuen Körper annehmen. Jeden Tag verkörpern wir uns, verkörpern wir uns wieder, wenn wir aus dem Schlaf erwachen, weil das, was während des Schlafes des physischen Körpers mit uns vorgeht und geschieht, in kleinem Maße mit dem übereinstimmt, was mit uns nach dem Tod vorgeht und geschieht.

Der Tod ist ein absoluter, ein vollkommener Schlaf, eine vollkommene Ruhe. Der Schlaf ist ein unvollständiger, unvollkommener Tod. Er wird oft von aufregenden und beängstigenden Träumen gestört infolge der Unvollkommenheit der bewussten Wesenheit, die das menschliche Ego ist – nenne man sie Seele oder wie man will. Tod und Schlaf sind Brüder. Was im Schlaf geschieht, geschieht auch bei und nach dem Tod, jedoch auf vollkommene Weise. Was bei und nach dem Tod geschieht, geschieht auch während des Schlafes, jedoch auf unvollkommene Weise. Wir verkörpern uns bei jedem Erwachen aufs Neue; denn das Erwachen bedeutet, dass die Wesenheit, die während des Schlafes zeitweilig den Körper verlassen hat – das Gehirngemüt, das astral-physische Bewusstsein –, in diesen Körper zurückkehrt, sich also neu einkörpert, und so erwacht der Körper, dessen Blut, Gewebe und Nerven durch das psychische Feuer neu gestärkt sind.

Hast du dich jemals gefürchtet beim Zubettgehen, beim Einschlafen und Schwinden des Bewusstseins? Nein. Es ist etwas so Natürliches, es ist ein so beglückender, Ruhe verleihender Vorgang. Die Natur ruht sich aus, und das müde Gehirn erholt sich. Die innere Konstitution, „die Seele", wenn man sie so nennen will, wird während der Schlafperiode zeitweilig in das höhere Bewusstsein des Menschen zurückgezogen – der Strahl wird sozusagen in die innere, spirituelle Sonne zurückgeführt.

Genau dasselbe findet beim Tode statt; doch wird beim Tod das abgetragene Gewand beiseite gelegt; die Ruhe ist auch lang, ist unvergleichlich schön und beglückend, von herrlichen und erhabenen Träumen belebt sowie von unerfüllten Hoffnungen, die jetzt im Bewusstsein der spirituellen Wesenheit zur Verwirklichung gelangen. Dieser Zustand des Träumens ist das Panorama einer Erfüllung all unserer edelsten Hoffnungen, all unserer Träume von unverwirklichter geistiger Sehnsucht. Er ist deren Erfüllung in strahlendem Glanz und in Herrlichkeit, in überfließender Fülle und Vollkommenheit.

Tod ist ein absoluter, ein vollkommener Schlaf. Schlaf ist ein unvollkommener, unvollständiger Tod. Daher wiederholt sich, wenn du stirbst, alles, was während der kurzen Periode des Schlafes mit dir vorgeht, auf vollständige, vollkommene Weise und in großem Maßstab. Wie du morgens im selben physischen Körper erwachst, da der Schlaf nicht vollständig genug ist, um den Silberfaden der Lebenskraft zu zerreißen, der die innere, abwesende Wesenheit mit dem schlafenden Körper verbindet, so auch kehrst du nach deiner devachanischen Erfahrung, nach deinen Erfahrungen in der Himmelswelt, der Welt der Ruhe, des absoluten Friedens, des absoluten, glückseligen Schlummers, zur Erde zurück.

Während des Schlafes verbindet der Silberfaden der Lebenskraft die Pilgerseele noch mit dem Körper, den sie verlassen hat, sodass sie auf diesem psycho-magnetischen Verbindungsweg zum

Körper zurückkehrt. Doch wenn der Tod kommt, wird jener silberne Lebensfaden zerrissen, mit Blitzesgeschwindigkeit (die Natur ist hierbei sehr barmherzig), und die Pilgerseele kehrt nicht mehr in ihren abgelegten Körper zurück. Dieses völlige Scheiden des inneren Bewusstseins bedeutet das Zerreißen jenes Silberfadens; der Körper wird dann wie ein abgetragenes Kleidungsstück beiseite gelegt. Ansonsten ist hier die Erfahrung des Pilgerbewusstseins, der Pilgerwesenheit oder Pilgerseele genau dieselbe wie beim Schlaf, nur beruht sie hier auf kosmischer Basis. Das Bewusstsein scheidet, und bevor es als ein sich wiederverkörperndes Ego von Neuem zur Erde zurückkehrt, geht es von Sphäre zu Sphäre, von Reich zu Reich, von „Wohnung zu Wohnung in des Vaters Haus", wie es im *Neuen Testament* heißt.

Dennoch ruht es auch in gewissem Sinne in vollkommener Glückseligkeit, in höchstem Frieden; und während dieser Ruhepause verarbeitet und assimiliert das Ego die Erfahrungen des vergangenen Lebens und nimmt diese in sein Wesen auf, dem sie den Charakter geben, geradeso wie der Körper während des Schlafes die tagsüber aufgenommene Nahrung verdaut und in sich aufnimmt, alles Unbrauchbare ausscheidet und neues Gewebe aufbaut, um dann neu gestärkt zu erwachen. So kehrt auch das reinkarnierende Ego neu gestärkt zur Erde zurück.

DER SCHÜLER:

Was sind die Ursachen von Schlaf und Traum?

DER LEHRER:

Der Schlaf wird verursacht durch das Zurückziehen der Wesenheit aus dem physischen Körper, die ihn mit ihrer Flamme erfüllte und ihm tätiges Leben verlieh. Das ist der Schlaf. Und wenn jenes Zurückziehen der inneren Wesenheit vollständig ist, so ist auch der Schlaf als solcher relativ vollkommen, und es herrscht eine relativ vollkommene Bewusstlosigkeit – der sanfteste Schlaf überhaupt. Denn dann ist der Körper ungestört, ruht friedlich und ruhig, erneuert in seinem System, was während der Arbeit oder sonstiger Tätigkeit verbraucht worden ist.

Ist hingegen das Zurückziehen der inneren Wesenheit unvollständig oder nur teilweise eingetreten, so entstehen Träume, denn die innere Wesenheit fühlt dann die Anziehung ihres physischen Teiles, des physischen Menschen. Sie fühlt den psycho-magnetischen Einfluss, den dieser physische Mensch auf sie ausübt, wodurch die Unbewusstheit des Schlafes durch die Schwingungen des physischen Menschen, des lebenden Körpers, gestört ist. Dies erzeugt böse Träume, aufregende Träume, seltsame und unheilvolle Träume. Ist das Zurückziehen etwas vollständiger als in letzterem Fall, doch nicht ganz vollständig, dann entstehen glückliche, friedliche Träume.

Ist der Schlaf völlig frei von Bewusstheit, so liegt die Ursache darin, dass die innere Wesenheit im geringsten Maße durch die psycho-magnetischen Schwingungen des Körpers und besonders des Gehirns beeinflusst ist. Jenes Bewusstsein oder Gemüt ruht in einem Schlummer, in dem ihm ein gewisses Maß von seinem Erkenntnisvermögen verbleibt, jedoch so wenig, dass das Gehirn keinen Traum verzeichnen kann, weil die Trennung zwischen dem Körper und dem Bewusstsein, das jenen verlassen hat, zu vollständig ist. Doch während dieses Bewusstsein sozusagen halb wach und halb schlafend ist, ist es in jener besonderen, für menschliche Augen unsichtbaren Welt, zu der sein Denken und Fühlen in den vorhergehenden Augenblicken und Stunden es hingelenkt haben. Es weilt dort als Besucher, vollkommen beschützt und behütet, und nichts kann oder wird ihm aller Wahrscheinlichkeit nach Schaden bringen, außer wenn die innere Natur des betreffenden Menschen so verdorben und dadurch der schirmende Schild des Geistes, der gewöhnlich diese innere Wesenheit umgibt, so abgenutzt ist, dass feindliche Einflüsse eindringen können.

DER SCHÜLER:

Sage mir, o Gurudeva, was sind die Ursachen der Wiedergeburt?

DER LEHRER:

Wiedergeburt, o Lanu, das Erwachen aus der Ruhe zwischen den Erdenleben, ist das Ergebnis des Geschicks, des Geschickes, das du dir in vergangenen Leben selbst gewoben hast. Du selbst hast dich so gestaltet, dass du wieder hierher auf Erden zurückkommen musstest; und du bist jetzt hier, weil du dich in anderen Leben zum Wiedergeborenwerden auf dieser Erde vorbereitet hast. Du bist für dich Vater und Mutter selbst, du bist dein eigen Kind, denn du bist du selbst. Du bist als Charakter, als Menschenwesen nur das Ergebnis von dem, was du in der Vergangenheit aus dir machtest, und dein künftiges Geschick – den Ursachen folgt notwendigerweise die Wirkung – wird eben gerade das Ergebnis, das Karma von dem sein, wozu du dich jetzt machst.

Ich will dir von den geheimen Ursachen der Wiedergeburt erzählen.

Die Menschen hungern nach Licht und wissen nicht, wo sie es finden können. Ihr Gefühl lässt sie die Wahrheit ahnen, doch wissen sie nicht, wie sie diese auslegen sollen. Ihr Denken, ihr Intellekt ist durch die Lehren jener irregeleitet, die nur in der Welt des Stoffes nach dem Licht gesucht haben. Lichtsucher sein ist wahrlich ein erhabenes Streben, doch nur in der Stoffwelt nach ihm zu suchen, bedeutet, den Schlüssel zum größeren

Innen verloren zu haben, von dem das stoffliche Universum nur die Schale, das Gewand, der Körper, die äußere Hülle ist.

Eine der verborgenen Ursachen der Wiederverkörperung, der Wiederverkörperung der menschlichen Seele ist die, dass der Mensch, der als wesentlicher Teil des Universums in seinem innersten Herzen und seinem ganzen Sein eins ist mit dem Herzen des Alls, dem kosmischen Gesetz der Wiederverkörperung gehorchen muss: zunächst Geburt, dann Wachstum, dann Jugend, Reife, Entwicklung von Fähigkeiten und Kräften, dann Niedergang, das Nahen des großen Friedens – Schlaf, Ruhe – und dann das erneute Heraustreten in das sichtbare Dasein. So auch verkörpern sich Universen. Ebenso verkörpert sich auch ein Himmelskörper – jeder Stern, ob Sonne oder Planet. Jeder von ihnen ist ein Körper, wie du es in deinem niederen Teil auch bist; jeder ist ein unzertrennlicher Teil des grenzenlosen Alls, wie auch du es selbst bist; jeder von ihnen entspringt dem Schoß des grenzenlosen Raumes als dessen Kind, wie auch du selbst; und alles wird von einem universalen kosmischen Gesetz durchdrungen und durchwoben, sodass, was dem einen geschieht, ob groß oder klein, entwickelt oder unentwickelt, fortgeschritten oder nicht, jedem und allen geschieht.

Du selbst gestaltest dir dein Geschick; du selbst machst dich zu dem, was du bist. Was du jetzt bist, ist genau das, wozu du dich in vergangenen Leben gemacht hast. So auch legst du jetzt die Ursachen für das, was du in Zukunft sein wirst. Du hast einen Willen, und du gebrauchst diesen Willen zu deinem Wohl oder Wehe, während du hier auf Erden lebst und später in den unsichtbaren Reichen, in den Gebieten des grenzenlosen Raumes. Dies ist eine der weiteren, die zweite der verborgenen Ursachen der Wiedergeburt.

Es gibt noch eine dritte verborgene Ursache, und diese ist vielleicht die materiell wirksamste. Diese dritte Ursache wurzelt im Innern eines jeden von uns. Es ist der Durst nach sinnenhaftem Dasein, Durst nach irdischer Existenz, Hunger nach den Stätten und Gefilden, in denen wir einst wanderten und die uns vertraut sind. Dies bringt uns wieder und immer wieder zur Erde zurück. Diese *Tṛishṇâ,* diese *Taṇhâ,* dieses Verlangen, in gewohnte Verhältnisse zurückzukehren, bringt uns wieder zur Erde zurück – als Einzelursache ist es wohl wirksamer als alle anderen.

DER SCHÜLER:

Kannst du mir nun etwas von jenem großen Geheimnis sagen: Was geschieht mit der entkörperten Wesenheit nach dem Tod und vor der Wiederkehr auf die Erde zu neuer Geburt?

DER LEHRER:

Der Mensch geht dorthin, wohin ihn die Gesamtsumme seines Verlangens, seiner Gefühle und Bestrebungen führt. So ist es ja auch während des Lebens auf Erden. Der Mensch versucht sein Bestes, um jenem Pfad zu folgen, zu dem er sich innerlich hingezogen fühlt. Und wenn wir diesen physischen Körper abwerfen gleich einem Gewand, das seinen Dienst getan hat, werden wir zu jenen inneren Sphären und Ebenen hingezogen, nach denen wir schon während des letzten Erdenlebens verlangten und uns sehnten. Das ist auch der Grund, weshalb wir auf diese Erde in Körper aus Fleisch zurückkehren. Es ist dieselbe Regel, nur wirkt sie in entgegengesetzter Richtung. Wir hatten nach dem Tode Verlangen nach Sinnendingen, Hunger und Durst nach körperlichem Dasein. Diese Verlangen haben wir in unserem Charakter latent als Samen zurückgelassen, und diese Samen bringen uns schließlich wieder auf die Erde zurück.

Nach dem Tod bringen uns die edleren, strahlenderen, reineren, zarteren Charaktersamen, die Frucht, das Resultat unseres Sehnens nach Schönheit, Harmonie und Frieden in jene Reiche, in denen Harmonie, Schönheit und Frieden wohnen. Und diese Reiche sind Sphären, wie unsere Erde eine solche Sphäre ist, doch weit ätherischer und schöner, denn die Schleier der Materie sind dünner, die Krusten materieller Substanz sind dort nicht so dicht wie hier. Das Auge des Geistes sieht klarer. Der Tod befreit uns von der einen Welt, und wir treten durch die Tore der Verwandlung in eine andere Welt ein, wie auch genau das Umgekehrte stattfindet, wenn die sich verkörpernde Seele die feineren ätherischen Reiche verlässt, um zu unserem gröberen, stofflichen Erdenleben in den schweren Körper aus physischer Materie hinabzusteigen.

Die inneren Welten sind für die Wesenheit, die sie durchwandert, wie sie auch diese äußere Welt durchwanderte, ebenso wirklich, ja wirklicher als die unsere, da sie ihnen näher ist. Sie sind ätherischer und sind daher der ätherischen Natur des ewigen Pilgrims näher – des Pilgrims, der auf seiner immerwährenden Reise zur Vollkommenheit immer wieder einen anderen Erfahrungszustand durchmacht. Und diese Wandlungen folgen eine der anderen vor der nächsten Verkörperung auf dem kreisenden Rad der Zyklen. Der Pilgrim wandert durch den Kreislauf der Jahrhunderte von einer Sphäre zur anderen, immer höher steigend, zu immer erhabeneren Gefilden, bis der Gipfelpunkt seiner Pilgerfahrt erreicht ist.

Darum fürchte dich nicht. Alles ist wohlgefügt; denn dein Herz ist das Universum, und das Allerinnerste deines Herzens ist auch das Herz des Universums. Wie unser herrliches Tagesgestirn die

Fluten seiner Strahlen nach allen Richtungen aussendet, so sendet auch dieses Herz des Universums, das überall ist, weil es nirgends im Besonderen ist, unaufhörlich Ströme von Strahlen aus; und diese Ströme sind die Wesenheiten, die das Universum erfüllen.

DER SCHÜLER:

Dankbaren Herzens, o Gurudeva, erkenne ich nun: Alles ist wohlgefügt!

Der innere Gott

Der innere Gott

DER SCHÜLER:

Wer und was ist der Mensch? Woher kam er und wohin geht er? Oft habe ich über diese Fragen nachgedacht, doch habe ich keine befriedigende Antwort gefunden. O Lehrer der Herzenslehre, mich verlangt, deine Antwort auf diese Fragen zu hören.

DER LEHRER:

Wie ich es selbst vernommen habe, so muss ich aus dem Brunnen der Weisheit schöpfen, o Lanu.

Der Mensch *an sich* ist eine unsichtbare Wesenheit. Was wir von ihm im und durch den Körper sehen, ist lediglich das Offenbarwerden des inneren Menschen, da der Mensch seinem Wesen nach eine spirituelle Energie ist – eine spirituelle, intellektuelle, psycho-materielle Energie. Das Beiwort hängt davon ab, welche Daseinsebene man gerade in Betrachtung seiner Handlungen ins Auge gefasst hat, denn die Wahrheit ist ja, dass er auf allen Ebenen existiert, den inneren und den äußeren.

Obwohl der Mensch eine unsichtbare Wesenheit ist, benötigt er einen physischen Körper, um darin leben und auf dieser physischen Ebene wirken zu können. Er ist ein Pilger der Ewigkeit. Er entsprang dem unsichtbaren Teil des kosmischen Seins in Äonen, die so weit zurückliegen, dass die Menschheit, mit Ausnahme der großen Weisen und Seher, alle Erinnerung daran verloren hat. Er kam hervor aus dem Schoße des kosmischen Seins als ein unselbstbewusster Gottesfunke. Nach langer, langer, äonenlanger Wanderung durch alle die verschiedenen inneren Welten – wobei er auf einzelnen Entwicklungsstufen durch unsere jetzige materielle Sphäre und von da wieder in die inneren Welten ging – wurde er schließlich zum Menschen, zu der selbstbewussten Wesenheit, die wir nun sind. Kommende Äonen der Zeit werden auf eben dieser unserer Erde die eingeschlossenen Fähigkeiten und Kräfte, die in jedem Menschen schlummernd liegen, zu weit vollkommenerer Offenbarung bringen, als sie sie bis jetzt erreicht haben. Und in den Tagen einer noch fernen, fernen Zukunft wird der Mensch als Gott auf dieser Erde wandeln und in Gemeinschaft sein mit seinen Mitgöttern, denn er wird dann die göttlichen Kräfte zur Entfaltung gebracht haben, die jetzt noch unentwickelt, keimhaft in seinem Wesen verborgen liegen.

Das innerste Herz, der Kern des Herzens des Menschen ist ein Gott, ein kosmischer Geist, ein Funke des zentralen kosmischen Feuers; und die ganze Evolution, das Entfalten dessen, was inwendig ist, das Enthüllen dessen, was sich innerhalb der sich entwickelnden Wesenheit befindet, das Hervorbringen dessen, was im Innern eingeschlossen ist, all dies bedeutet nur eine immer vollkommener werdende Offenbarung der eingeschlossenen, unentfalteten, unentwickelten Energien, Fähigkeiten, Kräfte und Organe der sich entwickelnden Wesenheit. Und in dem gleichen Maße, in dem sich diese Fähigkeiten und Energien immer vollkommener offenbaren und äußern können, zeigt auch der Organismus, durch den sie sich äußern, der Körper, die Wirkungen dieses inneren Feuers der Entwicklung, und so entwickelt sich auch der Körper, da sich ihm automatisch jeder Schritt vorwärts aufprägt.

Der Mensch ist in seinem Wesen den Göttern, den kosmischen Geistern stammverwandt. Das Universum ist unsere Heimat. Wir können es nie verlassen. Wir sind seine Kinder, haben in ihm unseren Ursprung, und daher sind wir in unserem tiefsten Innern alles das, was der grenzenlose Raum ist. Wir entstammen ihm, der grenzenlose Raum ist unsere Heimat, und unser tiefstes Gefühl sagt uns daher, dass „alles wohl steht".

Gleich einer wachsenden Pflanze tritt der Mensch, die Menschenpflanze der Ewigkeit, aus dem Unsichtbaren ins Sichtbare. In einem Erdenleben beginnt er als menschlicher Same, der heranreift und das hervorbringt, was in ihm eingeschlossen ist; dann sinkt der Körper durch den natürlichen Verfall der Kräfte zur Erde und stirbt. Nach einer langen Ruheperiode in unsichtbaren Welten, in denen die Erfahrungen verarbeitet werden, steigt die innere spirituelle Flamme wieder zu neuer Verkörperung auf die Erde herab.

Dies ist in Kürze die Geschichte des Menschen, der Menschenpflanze der Zeitalter. Er wird geboren und blüht eine Weile, dann stirbt er und geht zur Ruhe, um mit dem wiederkehrenden Lebenszyklus von Neuem ins Dasein zu treten, von Neuem emporzublühen und dahinzusterben; doch immer zieht sich der goldene Faden des Selbstes – Sûtrâtman – durch Zeit und Raum.

DER SCHÜLER:

Welch wundersames Geschick erwartet den Menschen. Doch wie wirkt der goldene Faden des Selbstes durch den Körper des Menschen?

DER LEHRER:

Der Geist des Menschen wirkt durch die menschliche Seele, und diese menschliche Seele wirkt durch das vital-astrale oder ätherische Gefäß, den Träger oder Körper, den Übermittler der Energien oder Kräfte der Seele, der psychomagnetisch mit den Organen des physischen Körpers verbunden ist. Dieses vital-astrale Prinzip wirkt auf den physischen Körper ein und strömt durch alle Teile unserer physischen Hülle, gerade so, wie der elektrische Strom nicht nur durch, sondern auch über und um den Leitungsdraht fließt. Der Geist gebiert, umhüllt und bewahrt die menschliche Seele aus seinem eigenen Schoß der Selbstheit heraus. In gleicher Weise emaniert und durchdringt die menschliche Seele das vital-astrale Gefäß; und dieses emaniert und durchdringt seinerseits den physischen Körper.

Ein menschlicher Same kommt aus den ätherischen Welten und ist das Layazentrum, durch das der werdende Körper, Zelle um Zelle, aus den inneren Welten einströmt und sich aufbaut. Dieser Same wird zum physischen Körper, und mit seinem Wachstum findet in übereinstimmender, zusammenordnender und fortschreitender Weise die Verkörperung der menschlichen Energien statt, bis der Reifezustand erreicht ist. An jenem Punkt sind der voll entwickelte Mensch und die mehr oder weniger völlig verkörperte menschliche Seele in die Offenbarung getreten.

Der Mensch ist eine zusammengesetzte, mehrteilige Wesenheit. Seine Konstitution erstreckt sich vom Körper zum Geist mit allen Zwischengraden ätherischer Substanzen, Energien und Kräfte, sieben an der Zahl. Wenn diese sieben verschiedenen Stufen oder Grade im Lebensprozess zusammenwirken, haben wir einen vollständigen, lebendigen Menschen vor uns.

DER SCHÜLER:

Ist nicht das, was die Seele genannt wird, jenes Bindeglied zwischen Körper und Geist? Was ist die Lehre über die Seele des Menschen?

DER LEHRER:

Die menschliche Seele ist *an sich* weder unsterblich noch sterblich. Sie ist der Sitz von Willen, Bewusstsein, Intelligenz und Gefühl im gewöhnlichen Menschen. Sie ist nicht unsterblich, da sie nicht rein genug ist, um wahrhaft unpersönlich zu sein. Wenn sie es wäre, so wäre sie nicht menschlich, sondern übermenschlich. Sie ist nicht völlig sterblich, da ihre Impulse, Bewegungen und die aus ihr kommenden Lebensäußerungen in einem gewissen Sinn über den rein sterblichen Dingen des Stoffes stehen.

Der Mensch hat heiliges Liebesempfinden, Sehnen, Hoffnung und geistiges Schauen. Diese Eigenschaften gehören dem Geist an, der unsterblich und todlos ist. Sie werden durch die menschliche Seele oder Zwischennatur übermittelt, welche die Menschen gewöhnlich als „Ich“ bezeichnen, geradeso wie das Sonnenlicht durch ein Fensterglas strahlt. Das Fensterglas ist das Vehikel, der Leiter, der Träger oder Übermittler dieser wundersamen Eigenschaft oder Kraft, die vom Geist herniederströmt. Die menschliche Seele gleicht diesem Fensterglas. Sie spiegelt vom Geist, vom goldenen Sonnenlicht des Geistes ebenso viel wider, wie ihr Entwicklungsgrad es ihr erlaubt.

Die menschliche Seele ist bedingt unsterblich, soweit sich der Mensch durch seinen Willen und sein Schauen ganz mit dem todlosen Geist in seinem Innersten und Höchsten verbindet. Sie ist sterblich, soweit sie sich zu dem hinabziehen lässt, was Materie, Triebe und Instinkte genannt wird, wobei Letztere unbedingt sterblich sind und sich mit dem Körper auflösen, wenn der Tod kommt und den unsterblichen Geist befreit, sodass, wenn der Mensch für die Dauer der Periode der Ruhe und des Friedens zwischen zwei Leben in seine erhabene Heimat einzieht, nur Glückseligkeit und hohes Schauen und die Erinnerung an alles verbleiben, was in unserem vergangenen Leben groß und erhaben war. Die Seele selbst ist ein ätherisches Gefäß oder ein ätherischer Träger der todlosen und unsterblichen Energien des schöpferischen Geistes oder der Monade.

DER SCHÜLER:

Der Geist des Menschen: Gibt es mehr hierüber zu sagen?

DER LEHRER:

Gewiss, o Lanu.

Der Geist ist der unsterbliche Teil der menschlichen Konstitution, er ist die Monade, die monadische Essenz. Er ist das, was den Tod niemals schmecken wird, was vom Beginn des Manvantaras bis zum Ende dieser majestätischen Periode kosmischer Manifestation dauert: das, was das kosmische Pralaya überdauert, um seine spirituelle und sonstige Wirksamkeit mit dem Aufdämmern des neuen kosmischen Manvantaras wieder zu beginnen.

So entfaltet sich in zyklischen, beständig und unaufhörlich wiederkehrenden Perioden der Geist oder die Monade in ewigem Werden, vom Spirituellen zum Überspirituellen, um dann zum Göttlichen und weiter zum Übergöttlichen zu werden. Ist dies das Ende seiner Entwicklungsmöglichkeiten? Nein, er schreitet ewig fort, sein Wachstum und seine Entwicklung finden nie ein Ende. Doch Worte versagen hier, um jene erhabenen Ideen wiederzugeben. Wir können sie nicht in stammelnder menschlicher Sprache zum Ausdruck bringen. Unsere Phantasie erlahmt bei dem Versuch, und wir können nur hinweisen auf den

Entwicklungspfad, der nach beiden Richtungen ins Ewige und Unendliche mündet, ohne Ende und ohne Anfang.

Das ist der Geist oder die monadische Essenz. Er ist der innere Gott. Er ist die leuchtende Intelligenz, welche die innersten Daseinsregungen des höheren Teiles der Konstitution erzeugt. Und diese Regungen finden ihren Abglanz im Gehirnverstand, im menschlichen Gemüt. Er ist die Quelle von allem, was groß und edel, hoch, rein, himmelstrebend und lauter im menschlichen Wesen ist. Er ist die Quelle der unsterblichen Liebe, die Quelle der Selbstaufopferung, der Quell aller Harmonie und Schönheit im Menschen – das Gefühl „Ich bin". Das ist der Geist, die unsterbliche Monade, der unsterbliche, makellose, ewige innere Gott.

Die menschliche Seele ist ein Strahl aus ihm. Dieser Strahl ist das, was wir als das menschliche Wesen erkennen, das Gefühl „Ich bin ich". Und die Seele ist wie der Geist etwas Wachsendes, Werdendes, Fortschreitendes, sich Entwickelndes. Zu immer größeren Höhen steigt sie auf, und in den fernen Äonen der Zukunft wird die Seele ihrerseits ihre eigenen inneren, noch latenten Fähigkeiten, Kräfte und Möglichkeiten – den Glanz in ihr – herausentwickelt haben, sodass die Seele zum Geist geworden sein wird, *weil die Wurzel oder der Same der Seele ein spiritueller Strahl ist.*

Wenn dieser Höhepunkt erreicht sein wird, hat sich der Mensch aus dem menschlichen Zustand in den Zustand eines Gottmenschen verwandelt, von einem Menschen in einen verkörperten Gott. Dann wird sich der Gott in dir mit seinen transzendenten Fähigkeiten und Kräften offenbaren, und du wirst zu einem lebenden Buddha geworden sein.

Ein menschlicher Geist ist eine todlose Wesenheit. Er ist in seinen innersten Teilen ein Teil des Gewebes des universalen Lebens. Und dieser Geist des Menschen, dieses innere Wesen, diese spirituelle Seele ist auf einer ewigen Pilgerfahrt im Raum begriffen, unbegrenzt im Raum und ewig in der Zeit. Sie schreitet von Wohnung zu Wohnung des Lebens, bald hier verweilend, bald da, überall lernend. Eine solche Wohnung ist in der Tat die Erde. Jede Sphäre, jedes Gestirn in den Himmelsräumen ist eine andere Wohnung des Lebens.

Doch höre, o Lanu, die erhabensten Lehren werden in den unsichtbaren Welten gelernt; denn diese Sinnenwelt, die wir sehen, ist trotz ihrer sinnenhaften Schönheit, ihres täuschenden und zauberhaften Scheines nur die Schale, das Gewand, der Körper, das Äußere. Und geradeso wie aus dem Innern des Menschen all seine Gedanken, all seine Inspirationen, all seine genialen Fähigkeiten, all seine Kräfte und Energien nach außen ins Physische fließen und sich in seinen Werken ausdrücken, so sind auch alle Offenbarungen, die wir im physischen Universum sehen, nur der Ausdruck der innewohnenden Energien, Fähigkeiten, Kräfte und Eigenschaften, wie sie in jedem Universum ihren Sitz haben.

Diese ewige Pilgerschaft der spirituellen Seele des Menschen erstreckt sich nicht nur auf diesen Kreuzungspunkt des physischen Universums, das unsere unvollkommenen Augen sehen können, sondern in viel höherem Maß auf die unsichtbaren Reiche, auf das, was die Menschen die spirituellen Welten nennen; denn es gibt hier Gradstufen um Gradstufen, immer höhere und höhere.

Dieser innere Gott, ein ewiger Pilger, lernt unaufhörlich und steigt dabei höher und immer höher, gleich den Rassen der Menschen auf Erden, die, nachdem sie ihren Höhepunkt in der Glanzzeit ihrer Kultur erreicht haben, wieder fallen, um aufs Neue emporzusteigen. So auch steigt die Monade, der Gott, die spirituelle Seele, von den spirituellen Welten hinab in ätherische Materie, in jeder lernend und aufs Neue wieder emporsteigend, um noch höhere Stufen des Seins zu erklimmen. Dann wieder steigt sie hinunter in die Reiche ätherischer Materie und wieder hinauf zu noch größeren Höhen und erhabenerem Sein – und dies ohne Aufhören.

Oh, der Frieden und das Glück, dessen der teilhaftig wird, der sich mit jenem inneren Glanz verbindet! Dieser Bund des Lebens und Bewusstseins mit unserer inneren Gottheit verleiht deinem Leben allen Wert, und durch dieses Verbundensein wirst du eins mit den Energien und Kräften, die das Universum lenken, von dem dieser innere Gott, der Gott in dir, ein Funke des zentralen Feuers ist. Und wenn die innere Vereinigung mit ihm vollständig ist, so bist du auf dem Pfad zum Gottmenschentum. Die Buddhaschaft liegt dann vor dir.

Dieses Wissen um dein inneres Selbst, deinen inneren Gott, bedeutet eine Weitung deines Bewusstseins. Es bedeutet Wachstum, Entwicklung, immer größeres Verstehen von allem, was ist. Und wenn du auch nur eine schwache Ahnung, einen blassen Schimmer dieses Schauens besitzt, dann kann so etwas wie Furcht dich nicht mehr befallen. Dann kann der Tod dich nicht mehr schrecken, denn du weißt dann, dass du eins bist mit dem All, von ihm untrennbar, und dass du in der Tat das All selbst bist und den Möglichkeiten deiner Entwicklung keine Grenzen gesetzt sind, da es dafür in Wirklichkeit solche überhaupt nicht gibt. Niemals kannst du die Grenzen deiner selbst, deines göttlichen Ichs, erreichen, nie; denn das Innerste von dir ist eben jenes spirituelle Universum, in dem du lebst und dich bewegst und dein Sein hast. Oh, welche Inspiration dieser Gedanke birgt, welche Hilfe er bringt!

DER SCHÜLER:

So ist es in der Tat. Eine inspirierende Lehre! Und sind es nicht die äußeren Sinne, die unsere Aufmerksamkeit von dem inneren Glanz ablenken?

DER LEHRER:

Es ist so, wie du sagst, Lanu. Es sind die äußeren Sinne, die unsere Aufmerksamkeit von dem inneren Glanz ablenken. Tatsächlich lenken die fünf Sinne unsere Aufmerksamkeit weg von dem Tempel des Allerhöchsten, von dem Geist im Menschen, der sich durch den Körper offenbart. Sie sind der Ausdruck von fünf verschiedenen Energien der menschlichen Zwischennatur, sie sind die Kanäle – oder wirken als solche –, durch die der Mensch selbstbewusst die äußere Welt wahrnehmen kann. In gewisser Hinsicht sind diese Sinne Förderer, in anderer Hinsicht sind sie Hinderer des Fortschritts. Sie sind förderlich, weil sie uns etwas von der Natur zeigen, die den Menschen umgibt, und durch die Sinne wirkt zurzeit viel von seinem gewöhnlichen Bewusstsein und gestattet ihm so, über die Welt und seine Mitmenschen viel zu erfahren. Dieses Lernen lehrt ihn schließlich Selbstbemeisterung und hilft, die Eigenschaften des Mitleids zu erwecken, der Liebe, des Erbarmens und des Willens zum Besseren. Alle diese Eigenschaften wohnen im Menschen.

Der innere Geist des Menschen ist der Tempel der Unendlichkeit und seiner mannigfachen Lebensenergien und Lebenskräfte. Im Verlauf unseres zyklischen Vordringens in die Materie offenbaren sich diese Lebensenergien und Lebenskräfte nach außen. Doch nunmehr befinden wir uns auf dem aufwärtssteigenden Bogen fortschreitender Entwicklung, und das ganze Streben der künftigen Evolution wird darauf gerichtet sein, in der Menschheit den Drang zu erwecken, sich nach innen zu entwickeln. Damit erlangt der Mensch schließlich auch die Fähigkeit, nach innen zu schauen, sodass er zur Erkenntnis seiner selbst gelangt. Er erkennt sich als einen der Mitarbeiter der Götter im Aufbau und in der Leitung des Universums, als einen der Funken des unendlichen kosmischen Feuers; denn im Menschen ist alles enthalten, jede Kraft und Energie, die es in den unendlichen Räumen gibt. Die ganze Evolution ist nur das Hervorbringen dieser eingeschlossenen Kräfte, ebenso wie eine Blume das entfaltet, was innen ist.

Der innere Gott ist immer in dir, um dich, über dir, deiner harrend, harrend, harrend. Er offenbart sich die Äonen hindurch, die ständig in den Ozean der Vergangenheit fließen. Durch selbstgeleitete Entwicklung, was Entwicklung des inneren Menschen bedeutet – dessen, was du in deinem innersten Sein bist –, offenbart er sich durch den äußeren Menschen. Der ganze Zweck der Evolution ist das Lichten der dichten Schleier von Gemüt und Stoff, die den Geist verhüllen, sodass das Licht im heiligen Tempel, der das menschliche Herz ist, den Menschen mit seinem Glanz erleuchten kann.

DER SCHÜLER:

Ich bitte dich, mir zu sagen, was das Licht daran hindert, den Menschen zu erleuchten, und was die Tätigkeit des inneren Gottes hemmt.

DER LEHRER:

Ich will es dir sagen: Es ist die Persönlichkeit – das In-den-Vordergrund-Bringen des Persönlichen –, das ist alles, denn von dieser Persönlichkeit rühren alle Übel her. Es ist nicht die Individualität, der göttliche, unteilbare, todlose und unsterbliche Teil von uns, der nie Tod oder Verfall schmecken wird, sondern die Persönlichkeit, das Persönliche, das Kleine, Niedrige, Geringe, Beschränkte und Begrenzte, das eine dichte, undurchdringliche Atmosphäre um unser Wesen legt, die kaum etwas anderes durchdringen kann als unsterbliche Liebe.

Geltendmachen der Persönlichkeit, Selbstsucht, Egoismus – dies sind die Dinge, welche die Offenbarung der göttlichen Energien in uns hemmen. Sie sind es, die den Menschen verkümmern lassen, sodass er nicht einmal den Kräften und Fähigkeiten vollen Ausdruck gibt, die er jetzt besitzt.

Wenn wir innerlich wachsen wollen, müssen wir das Persönliche abwerfen, um unpersönlich zu werden, müssen wir das Begrenzte abwerfen, von uns tun, um unsere Grenzen zu weiten. Wie kann das Küken dem Ei entschlüpfen, ohne die Schale zu zerbrechen? Wie kann sich der innere Mensch erheben, ohne die Schale der niederen Selbstheit zu sprengen? Wie kann sich der innere Gott – dein göttliches Bewusstsein – offenbaren, wenn du nicht über das Unvollkommene, das Kleine, das Beschränkte, mit anderen Worten über das Persönliche hinausgeschritten bist, es aufgegeben und hinter dir gelassen hast? Im Unpersönlichen liegt die Unsterblichkeit, im Persönlichsein der Tod. Deshalb wachse, weite und erhebe dich, werde, was du im Innern bist! Die Götter rufen uns ohne Aufhören zu – nicht mit menschlichen Worten, sondern in jenen unhörbaren Symbolen, die zu uns durch den inneren Äther gelangen, die Herz und Seele des Menschen als spirituellen Instinkt, Sehnsucht, Liebe, Selbstvergessenheit wahrnehmen. Und der ganze Sinn dieser lautlosen Botschaften ist: „Komm höher herauf!"

Welch seliges Empfinden ist es, unsere Verwandtschaft mit allem zu empfinden, was da ist, sie zu fühlen und zu verstehen und in diesem Fühlen und Verstehen zu handeln. Zu handeln in jener Erkenntnis, dass wir wesensverwandt sind mit den Göttern, die das grenzenlose All lenken und leiten! Und du kannst Zwiesprache halten mit den Göttern, wenn du erst einmal gelernt hast, mit dem Gott in dir Zwiesprache zu halten.

Jedes Menschenwesen ist nur der äußerste Ausdruck einer göttlichen Wesenheit, eines inneren Gottes, eines spirituell-göttlichen Wesens. Es ist nur der menschliche Ausdruck, ein unvollkommener und matter Abglanz – eine schwache und unvollkommene Wiedergabe der inneren spirituellen Kräfte in menschlicher Form. So viele Menschen auf Erden, so viele Götter in den inneren Welten.

Wenn ein Mensch sich des inneren Gottes bewusst geworden ist und sozusagen diesen Gott befreit hat durch die Aufgabe der nichtigen Persönlichkeit des Alltagslebens – der persönlichen Selbstheit des Menschen – und so die Ketten gesprengt hat, welche die transzendenten Kräfte des inneren Gottes binden und fesseln, dann kann der Messias, der auferstandene Christus, der Erlöser eines jeden Einzelnen seine erhabenen Fähigkeiten und Kräfte offenbaren. Dann ist der Mensch zum lebendigen Christus geworden – dem Grab der niederen Selbstheit entstiegen, um aufzusteigen in die Regionen spiritueller Herrlichkeit; und das Christuslicht beginnt in ihm zu wirken. Er hat den lebendigen Buddha in seinem Wesen erweckt, oder vielmehr, er hat die buddhische Strahlenkraft evolviert, die bereits in seiner Seele war.

Dieses göttliche Wesen im Herzen eines jeden versucht stets, sich immer besser und besser durch die gefühls- und verstandesmäßige Zwischennatur zum Ausdruck zu bringen – durch das, was die menschliche Seele genannt wird. Diese innere Gottheit ist die Quelle, der Urborn, der Ursprung von allem, was den Menschen wahrhaft zum Menschen macht, was ihn groß, erhaben und edel macht, was ihm Verständnis, Erkenntnis, Mitgefühl, Liebe und Frieden gibt.

Verbinde dich in der Stille mit deinem inneren Gott, jener lebendigen inneren Tempelkammer in dir, in der du, wenn du achtsam lauschest, das Flüstern des Göttlichen vernehmen kannst, des Göttlichen, das jene Kammer erfüllt. Dort liegen Wahrheit, Weisheit, Verstehen und unnennbarer Frieden. Öffne die Pforten deiner menschlichen Selbstheit den Strahlen der göttlichen Sonne in dir. Tritt ein in diese Kammer in deines Herzens Tiefe, werde eins mit deinem Selbst, deinem göttlichen Selbst, dem Gott in dir; *sei* der Gott, der du bist in den Tiefen deines Wesens!

DIE GROSSE KETZEREI DES SONDERSEINS

DIE GROSSE KETZEREI DES SONDERSEINS

DER SCHÜLER:

Ein dunkler Schatten liegt drohend auf dem Pfad; er vertreibt das Licht und scheint weiteren Fortschritt aufzuhalten. Sage mir, o Gurudeva, was ist dies für ein Hindernis?

DER LEHRER:

Es sind die Ichgedanken, Lanu, die diese Wolke bilden, die deinen Blick verdunkelt. Ein auf die persönliche Selbstheit gerichtetes Denken, das Suchen von persönlicher anstelle von spiritueller Freiheit ist der Pfad, der abwärts führt. Der Pfad des Ichs ist der Pfad zu immer tieferen Reichen und Sphären der Materie, bis schließlich am Ende des kosmischen Zyklus die Vernichtung kommt, wenn sich der Stoff selbst auflöst: Mâyâ, Stoff, ist Täuschung.

Strebe dem Lichte zu; pflege deine höheren Fähigkeiten. Hüte dich vor dem Trugglanz der niederen Natur und ganz besonders vor der niederen Zwischennatur, welche die psychische genannt wird. Nichts ist so trügerisch wie die falschen Lichter Mâyâs. Oft enthalten schön aussehende Blumen tödliches Gift, entweder in der Knospe oder im Dorn oder in beiden. Ihr Honig ist todbringend, tödlich für die menschliche Seele. Suche zuerst deine spirituellen und intellektuellen Kräfte. Bade dich im Lichte deiner spirituellen Natur, damit du geistiges Schauen und Willenskraft entwickelst, dann werden diese anderen Fähigkeiten in dir von selbst, ganz natürlich und ungezwungen erwachen.

Das Gesetz der Gesetze des Alls ist Selbstvergessenheit, nicht Konzentration der Aufmerksamkeit auf unsere persönliche Freiheit, nicht einmal auf unsere Individualität. Das Grundgesetz des Alls will, dass wir für alle Dinge leben, und nicht, dass jeder für sich lebe, um für sich die inneren, spirituellen Kräfte zu entfalten. Die Weisung, die inneren, spirituellen Kräfte zu entwickeln, ist wohl richtig als allgemeine Forderung, doch ist sie als solche auch irreführend, gefährlich, unweise und daher ungeeignet als Regel esoterischer Schulung, es sei denn, sie werde richtiggestellt, ergänzt durch folgenden Zusatz: Gib auf dein Leben, so du es finden willst. Lebe für das Wohl der Menschheit, denn dies ist der erste Schritt. Wenn du die Sonne schauen willst, dann lass die Erde mit ihren Wolken hinter dir.

Die große Irrlehre und wahrhaft einzige Ketzerei ist der Gedanke, dass irgendetwas getrennt, gesondert und dem Wesen nach verschieden sei von anderen Dingen. Dies ist eine Abirrung von natürlicher Tatsache und Gesetz, denn die Natur ist nichts anderes als eine Zusammensetzung, das Zusammenwirken von Wesenheiten und gegenseitige Hilfeleistung. Die Regel der fundamentalen Einheit ist vollkommen universal: Jede Wesenheit im Universum lebt für alle anderen Wesenheiten.

Dieses Gefühl des Getrenntseins ist die Ursache und Wurzel allen Übels. Es erzeugt die Leidenschaft des persönlichen Habenwollens: *Ich will für mich, ich bin, mein Eigen.* Und der Wahn des persönlichen Sonderseins, die Vorstellung, dass wir von allen anderen völlig getrennt, völlig verschieden seien, verhindert uns, zu jenem inneren Gott zu werden. Denn wenn du zu jenem inneren Gott geworden bist, wirst du bewusst eins mit dem Universum, dessen Kind du bist, von dem du ein unlösbarer Teil bist. Dies verbindet dich mit einem Quell unerschöpflicher Kraft, unbegrenzter Weisheit, da du an dem Born der Inspiration trinkst, die dem Herzen des Alls entströmt. Jeder hat seine Wurzel und seinen Ursprung in der gemeinsamen Quelle der kosmischen Leben-Intelligenz-Substanz.

Selbstsucht macht engherzig. Sie ist die Grundlage aller Entartung, jedes moralischen Verfalls, aller geistigen und körperlichen Schwäche. Sie lässt uns verkümmern, sie legt Fesseln um uns und lässt uns keinen Raum zu Entfaltung und Wachstum. Die Selbstsucht ist die Wurzel allen Übels und daher die Wurzel geistigen Unvermögens, von Unzulänglichkeit, Kraftlosigkeit, von Mangel an Urteils- und Unterscheidungskraft und von Herzlosigkeit. Selbstsucht ist deshalb der fruchtbare Boden, dem alles Unglück und alle Leiden entstammen. Alles, was die natürlichen Fähigkeiten des Menschen verkümmern lässt, entspringt der Selbstsucht. Sie ruft beklagenswerte und schädliche Anschauungen wach, die dich an deinen beschränkten kleinen Gedankenkreis binden. Dann bist du ein Gefangener im Kerker deiner eigenen Selbstsucht und wirst dadurch in deines Lebens edelsten Kämpfen schrecklich gehemmt. Die Selbstsucht macht dich zu einem Gefangenen, und dein Gefängnis ist dein niederes Selbst.

Oh, welch ein Gefühl der Freiheit, von wahrer Menschlichkeit, wenn wir das Gefängnis der niederen Selbstheit verlassen und unser Einssein mit dem All erahnen! Denn in aller Wahrheit bist du dieses All in den geheimen, mystischen Tiefen deines innersten Seins.

DER SCHÜLER:

Die Selbstsucht ist also die Ursache von Streit und Zwietracht unter den Menschen?

DER LEHRER:

Ja, und Unwissenheit. Denn auf der Suche ihrer selbst gebrauchen die Menschen die Kräfte der Natur zu persönlichen und selbstischen Zwecken – manchmal absichtlich, manchmal halbbewusst. Dies geschieht durch unseren freien Willen, der an sich eine göttliche Macht oder Fähigkeit ist.

Wir haben einen Willen, er ist frei. Wir sind ein Teil der Energien des Universums, denn wir sind von ihm nicht lösbar. Wir gebrauchen unseren Willen manchmal recht und manchmal falsch. Wenn wir ihn recht gebrauchen, sehen wir die wundersamen Geheimnisse im Herzen und Antlitz unserer Mitmenschen und erkennen die Größe ihres innersten Seins, denn Größe ist auch in uns, und sie erkennt immer, was groß ist. Wenn wir diese Kräfte falsch, unrecht benutzen oder Missbrauch mit ihnen treiben, so bedienen wir uns der farblosen Kräfte des Universums, doch tun wir es zum Üblen, da wir Gewinn für das Selbst suchen. Da wir einen freien Willen haben, gebrauchen wir diese Energien, und wir tun es in Unkenntnis des Gesetzes – des Gesetzes der Natur.

Nichterkenntnis ist ein Fluch für den Menschen. Wenn wir wüssten, was wir tun, wenn wir wüssten, dass wir die Kräfte des Universums in Unordnung bringen, indem wir in uns und in anderen schlimme Leidenschaften erwecken, könnten wir jene Grundwahrheit der Natur erkennen, dass alle Geschöpfe eine gemeinsame Wurzel in unendlichem Frieden und Harmonie haben. Kein vernünftiger Mensch würde dann in sich Zwietracht und Übelwollen dulden, sondern er würde danach streben, seinen Brüdern Hilfe und Erleuchtung zu bringen.

Nichterkenntnis ist der größte Feind des Menschen. Die Früchte der Nichterkenntnis sind Unglück, Leid, Schmerz, Krankheit und Kummer.

Selbstsucht ist etwas Unedles. Sie ist auch sehr unklug, weil es nichts gibt, das uns wie die Selbstsucht niederhält und unsere Füße im Schlamm der niederen Selbstheit stecken lässt. Der Weg zum Erfolg besteht im Auslöschen des Persönlichen, im Unpersönlichwerden, sodass deine Füße von dem Schlamm und dem anhaftenden Schmutz materieller Existenz nicht besudelt sind. Das Gesetz ist für alle dasselbe: Sei unpersönlich, sei selbstvergessen!

Ein Mensch, der an nichts anderes denkt als an sich selbst – *ich, meine* Pläne, *mein* Besitz, *meine* Wünsche, *meine* Gedanken –, spinnt um sich ein dichtes Gewebe unvollkommener, hässlicher Selbstheit, durch das nichts scheinen kann und das ihn gleich einem Diamantwall umgibt, der härter und dauerhafter ist als Stahl.

Wir sind in der Tat von Schranken umgeben, die wir selbst gebaut und aufgerichtet haben aus unserem eigenen Gedankengewebe, und unsere schlimmsten Schranken sind in uns. Wenn sich das menschliche Bewusstsein weitet und wächst, zerbricht es die Mauern, die es einengen. Es zerreißt die Fesseln, die es am freien Ausdruck hindern, und der innere Glanz ergießt sich nach außen.

Starrheit des Denkens, Starrheit der Anschauungen sind Schranken für wahren spirituellen Fortschritt, denn sie bedeuten Dogmatismus und Selbstzufriedenheit. Sie bedeuten, um ein anderes Bild zu geben, das Verschließen der Tore des Gemütes gegen eine neue Wahrheit; denn der Mensch ist in seiner Seele nie starr und unbeweglich, er ist in seinem Gemüt nie starr und unbeweglich, *es sei denn, er ist selbstzufrieden.* Es gibt nichts, was das innere Schauen so sehr der Wahrheit gegenüber blind macht wie Selbstzufriedenheit. Man bedenke auch, dass die meisten Menschen nur kurze Zeit selbstzufrieden sein können, aber niemals sehr lange.

Dagegen sind ein offener Sinn, ein lebendiger Intellekt, der Wunsch nach unverschleierter spiritueller Wahrnehmung, die Bereitschaft, Wahrheit zu empfangen und sie anderen aus der vollen Sympathie des Herzens mitzuteilen, eine Gewähr für wahren spirituellen Fortschritt und ein Zeichen dafür, dass es auf dem Pfade spiritueller Entwicklung vorwärtsgeht.

Hütet euch daher vor Starrheit. Haltet vielmehr das Gemüt offen und den Verstand bereit, jeden neuen Aspekt von Wahrheit zu erfassen, der sich euch darbieten mag. Eine unverschleierte spirituelle Wahrnehmung erfordert lediglich die Aufgabe des Persönlichen in euren Meinungen und Ansichten sowie die Aufgabe der Selbstzufriedenheit. Das Unpersönliche zu sehen ist eine unverschleierte spirituelle Wahrnehmung.

Was vor allen anderen Dingen dem Licht den Zugang versperrt, ist das Empfinden, das in die Worte gekleidet werden kann: „Ich weiß alles, was ich zu wissen nötig habe." Selbstsucht! Dieses Gefühl entspringt reinem Ich-Bewusstsein. Das Gegenteil von Selbstsucht ist das unpersönliche Schauen spiritueller Wahrheiten, die in deiner Seele wirken und sie so zur Aufnahme unpersönlicher, universaler Eindrücke vorbereiten.

DER SCHÜLER:

O Lehrer, was ist das beste Mittel für spirituelles Wachstum?

DER LEHRER:

Alles, was dich von deinem tierischen Selbst entfernt, alles, was dich dein persönliches Sein vergessen lässt und dich hinausführt in die große Weite der Natur und in dir Gedanken mitleidsvoller, unpersönlicher Dienstleistung erweckt, ist ein Mittel für spirituelles Wachstum. Welch ein Trost, welch eine Hoffnung, welch eine Erleichterung, welch ein Frieden, sich selbst zu vergessen!

Alles, was dich von dir selbst wegführt aus dem kleinen Kreis persönlicher Begrenzungen, selbstischer Ideen und Vorstellungen, egoistischer Gedanken und Gefühle hin zu unpersönlicher Dienstleistung, alles, was dich dazu bringt, etwas zu hegen und zu pflegen in selbstvergessenem Bemühen für andere, das ist für dich eine große, spirituelle Hilfe. Einen Baum zu pflanzen, eine Blume zu pflegen, um das Ergehen eines anderen besorgt zu sein, Beschäftigung mit einem Buch, mit schriftstellerischen Arbeiten, mit der Maschine, mit dem Werkzeug oder was es sonst sein mag: irgendetwas, das dich das persönliche Selbst vergessen lässt – Selbstvergessenheit! –, verhilft dir zu spirituellem Wachstum. Welch ein Segen wird dem zuteil, der dies beherzigt! Das ist das Geheimnis des Rufes der Religionen. Es führt zum Vergessen des niederen, persönlichen Selbstes. Du erreichst dasselbe Ergebnis durch ungehemmte Freigabe der spirituellen

Kräfte im Innern zu irgendeinem unpersönlichen Werk.

Süß sind die Früchte der Selbstvergessenheit – des vollständigen Vergessens deiner Persönlichkeit in etwas so Schönem und Unpersönlichem, dass menschliche Sprache es nicht beschreiben kann! Denn Selbstvergessenheit, Mitleid, Erbarmen und Frieden sind die Früchte der kosmischen Harmonie, die das Herz des Universums selbst ist. Wenn du diese Tatsache zu erkennen beginnst, so beginnt in deiner Seele etwas zu sprießen und zu keimen, das nicht beschrieben, nicht in Worte gefasst werden kann, das jedoch zugleich Licht, Leben, Frieden, Weisheit und allmächtige Liebe ist – unpersönlich, universal, sodass alles, was da ist, einen Zauber auf dich ausübt, weil du es liebst.

Und doch ist das ganze äußere Universum nur das Gewand oder der Schatten von etwas Unsichtbarem, von dem inneren Leben, von dem jeder Mensch und tatsächlich jede Wesenheit ein untrennbarer Teil ist; denn alle Wesenheiten und Dinge haben ihre Wurzel in diesem inneren Leben. Was daher irgendjemand von uns tut, wirkt mit entsprechend großer Kraft auf alle anderen Wesenheiten und Dinge ein.

DER SCHÜLER:

Dann ist jeder seines Bruders Hüter, da wir, auch du und ich, o Gurudeva, durch unzerreißbare Bande des Ursprungs und der Bestimmung untrennbar miteinander verbunden sind.

DER LEHRER:

Es ist so, Lanu: Im Grunde unseres Wesens sind wir alle eins. Jeder ist seiner Brüder Hüter in dem Sinne, dass er auf sie einwirkt und sie durch seine Worte in Herz und Gemüt getroffen werden. Und seine Verantwortung wird bewusst, selbstbewusst und umso schwerwiegender, je weiter er in seiner Entwicklung fortgeschritten ist.

Wir machen uns zu eben dem, was wir sind; und wir sind zugleich unseres Bruders Hüter, weil jeder von uns, *jeder Einzelne von uns,* verantwortlich ist für eine äonenlange Kette der Verursachung. Es herrscht Gesetzmäßigkeit in diesem Universum, die Dinge werden nicht vom Zufall regiert, und der Mensch kann nicht denken oder sprechen oder handeln, ohne andere Wesen zu ihrem Wohl oder Wehe zu beeinflussen.

Säe einen Gedanken, und du wirst eine Tat ernten. Säe eine Tat, und du wirst eine Gewohnheit ernten. Säe eine Gewohnheit, und du wirst ein Schicksal ernten, da die Gewohnheit den Charakter aufbaut. Dies ist die Reihenfolge: ein Gedanke, eine Tat, eine Gewohnheit, ein Charakter, ein Geschick. Du bist der Schöpfer deiner selbst. Wozu du dich jetzt bereitest, das wirst du in der Zukunft sein. Was du jetzt bist, eben dazu hast du dich in der Vergangenheit gemacht. Was du säest, das wirst du ernten.

Wenn du zu rein selbstsüchtigen Zwecken nur für dich säst, so wirst du entsprechend ernten. Der Mensch, der so wenig Liebe empfindet für die innere Schönheit rechten Handelns, sodass er nur gut ist, um etwas dafür zu bekommen – größeres Glück, eine bessere Zukunft, einen besseren Körper –, der hat seine gute Saat schon mit einer ganzen Handvoll Unkrautsamen – seinem selbstsüchtigen Begehren – verdorben. Nichts macht so klein wie das Persönliche. Nichts vermindert die Stärke deiner Seele so sehr wie die Konzentration auf deine eigenen selbstsüchtigen, persönlichen Angelegenheiten und wenn du darüber das Wohl anderer außer Acht lässt.

Der Mensch, der zuerst an andere denkt, ist schon groß. Der Mensch, der um anderer willen sein Leben hingibt, ist schon groß. Der Mensch, der in unpersönlichem Dienst an der Menschheit sich selbst vergisst, ist am größten. Und solch ein Mensch erntet ein gottgleiches Geschick, da er sich einen gottgleichen Charakter erworben hat.

Die Natur verlangt von allen Menschen Zusammenarbeit, Bruderschaft, Güte, Liebe, Selbstvergessenheit, Wirken für andere. Der Selbstsüchtige geht immer, früher oder später, zugrunde. Der Böse mag eine Weile gedeihen, doch nicht lange.

Selbstsucht ist Schrumpfung. Sie bedeutet Kälte, sie ist das Gegenteil von der weitenden, warmen Macht der Liebe.

Die Natur wird hartnäckige Selbstbevorzugung auf Kosten anderer nicht lange dulden, denn das Herz der Natur ist Harmonie, das Gefüge und der ganze Aufbau des Universums ist auf Zusammenordnung, Zusammenwirken, spirituelle Vereinigung eingestellt. Und der Mensch, der unentwegt und nicht nachlassend nur für sich selbst lebt, endet in jenem fernen Land des „mystischen Westens", dem Land der verlorenen Hoffnungen, dem Land des spirituellen Verfalls, denn die Natur will nichts mehr von ihm wissen. Er hat seinen winzigen, unentwickelten Willen den mächtigen Strömen des Kosmos entgegengestellt, und früher oder später wird er auf eine Sandbank am Lebensstrom gespült, wo er zugrunde geht. Die Natur kann ständige und hartnäckige Selbstsucht nicht dulden.

Betrachte einen Baum. Betrachte deinen Körper. Beide sind aufgebaut aus einer großen Menge kleinerer Teile, geringerer Wesenheiten, die alle zusammenwirken und vereint das Ganze bilden, in dem sie alle leben und atmen und ihr Sein haben und in dem sie an dem gemeinsamen Leben teilhaben.

Wenn ein Mensch harmonisch handelt, so handelt er in Übereinstimmung mit universalem Wirken und Gesetz. Harmonie in Gewissen und Denken und daher im Handeln ist das, was die Menschen unter Ethik verstehen. Ethik ist kein Übereinkommen, auch nicht Moral. Sie haben ihre Wurzel in der Harmonie, in den Grundgesetzen des Seins. Sie sind auf die Harmonie gegründet, die den Bau des Universums bestimmt.

Ethisches Empfinden entspringt deiner inneren Konstitution. Es entstammt deinem spirituellen Wesen, das Harmonie, Ordnung, Schönheit, Größe und Majestät erkennt – Schönheit des Denkens, des Sehnens und Fühlens, Schönheit der Tat.

Erkenntnis ist das Kind von Liebestaten – dies ist eine der erhabensten Wahrheiten. Von den Mysterien, den höheren Mysterien kannst du nichts erkennen, wenn dein Herz nicht von Liebe, von überfließender Liebe erfüllt ist. Und diese Erkenntnis kommt durch den Gebrauch der spirituellen Kräfte in uns. Diese zu gebrauchen aber finden wir immer hinreichend Gelegenheit im Vollbringen von Taten der Liebe, in brüderlichem Denken und Handeln, indem wir anderen helfen und sie teilhaben lassen an den Segnungen, deren wir uns erfreuen.

Oh, wie edel und groß ist es, wenn die Menschen ihre Allverbundenheit untereinander fühlen, wenn ihre Herzen vom Hauch allmächtiger Liebe berührt werden, wenn ein Ahnen der Tatsache unserer gemeinsamen Bruderschaft in sie eingeht und sie bereit sind, zum Wohle der Menschheit zu leben. All dies ist erhaben und herrlich!

DER SCHÜLER:
Ja, es ist erhaben und herrlich!

Liebe ist das Bindemittel im Weltall

Liebe ist das Bindemittel im Weltall

DER SCHÜLER:

Nun, da die den Fortschritt hindernden Schranken mit dem Schwert der Erkenntnis beseitigt worden sind, liegt der Weg klar vor mir, vom Licht erhellt. O Gurudeva, was ist jener Glanz, der den Pfad erleuchtet?

DER LEHRER:

Es ist das Licht, Lanu, das Licht der Liebe: Die Liebe weist den Weg und erhellt den Pfad. Sie ist das Hinausströmen des alles durchdringenden Lichtes, der buddhischen Strahlenkraft, des Christus-Lichtes im Herzen des Universums: jene Liebe, die, in Göttern und Menschen wirkend, uns die Schönheit erkennen lässt, wenn wir sie sehen, vor allem innere Schönheit, die uns Größe und Glanz in anderen erschließt, nachdem wir die Größe und den Glanz in unserem eigenen innersten Wesen erkannt haben.

Die Liebe ist es, die das Weltall zusammenhält. Sie hält alle Dinge an ihrem Platz und in ewiger Obhut. Ihr eigentliches Wesen ist himmlischer Friede, ihr eigentliches Merkmal die Harmonie im Kosmos. Sie durchdringt alle Dinge, ist keinerlei Grenzen unterworfen und nicht dem Tode ausgesetzt, sondern ist unendlich und ewig: Sie ist allüberall und das innerste Herz von allem, was ist.

Die Liebe ist das Wundersamste und Heiligste, was die Menschen kennen. Sie verleiht ihnen Hoffnung. Sie erfüllt ihr Herz mit hoher Sehnsucht. Sie lässt ihre edelsten Eigenschaften zum Durchbruch kommen, die Selbstaufopferung für andere. Sie bringt Selbstvergessenheit, verleiht Frieden und Freude ohne Ende. Sie ist das Edelste, was es in der Welt gibt.

„Liebet einander!" – ein schöner Spruch, denn es ist ein Appell an deine innerste Natur, an das Göttliche in dir, an den inneren Gott, dessen Wesen ein himmlischer Glanz ist. Dein ureigenstes Licht ist allmächtige Liebe.

Die Liebe ist ein Schutz und Schirm. Die Liebe ist mächtig, sie ist alldurchdringend, und je unpersönlicher sie ist, desto höher ist sie und desto mächtiger. Sie kennt keine Grenzen, weder von Raum noch von Zeit, denn sie ist der Natur ureigenstes Wirken, das Grundgesetz der Natur, und das universale Band, das alle Dinge umschlingt.

Sie wird nicht nur die Hartnäckigkeit des steinharten Herzens zum Wanken bringen und den undurchdringlichsten Panzer um ein menschliches Gemüt sprengen, sie wird auch ihre lebenspendende Wärme überallhin verstrahlen. Nichts kann ihren Durchgang hindern, denn sie ist die Lebensessenz des Alls. Denn alle Wesen und Dinge sind in letzter Zergliederung eins, sie sind alle in dem einen LEBEN verwurzelt, und durch alle fließt der stetige, ununterbrochene Strom allmächtiger Liebe.

Die Liebe ist die große Anziehungskraft, die Menschenherz mit Menschenherz verbindet. Je höher wir in der Entwicklung aufsteigen, desto inniger umrankt die Liebe alle Fasern unseres Wesens oder – um es anders auszudrücken – desto mehr weitet sich das menschliche Herz in Liebe, bis es schließlich das ganze All umfängt, sodass man dazu kommt, alle Dinge, groß und klein, zu lieben, ohne Unterscheidung von Zeit und Ort. Oh, die Glückseligkeit dieses Empfindens, dieser Erkenntnis! Sie ist göttlich, denn die Liebe, die unpersönliche Liebe ist göttlich!

DER SCHÜLER:

O Lehrer, du Spender der Weisheit, erzähle mir von dem Wesen der persönlichen Liebe. Welche Beziehung besteht zwischen ihr und der göttlichen Liebe?

DER LEHRER:

Die persönliche Liebe ist nur ein Abglanz der göttlichen Liebe, der unpersönlichen Liebe: Die persönliche Liebe ist dem Irrtum unterworfen, da ihr Strahl nur schwach ist. Alles, was als Hauptursache den Wunsch nach persönlichem Gewinn hat, ist nicht wahre Liebe.

Bei persönlicher Liebe beginnen sich die Schleier der Persönlichkeit vor dem inneren Auge zu verdichten, da sich persönliches Begehren in unserer Aura – der uns umgebenden psychischen Atmosphäre – ansammelt, verdichtet und niederschlägt. Und dies verursacht das Dichterwerden der psychischen Schleier, die das innere Schauen und Verstehen verdunkeln. Die Essenz wahrer Liebe ist Selbstvergessenheit, und für diese Regel gibt es keine Ausnahmen.

Sind eines Menschen Herz und Gemüt lediglich von persönlicher Liebe erfüllt, dann liebt er wohl dieses, doch nicht jenes, dann liebt er wohl hier, doch nicht dort, oder umgekehrt. Mit anderen Worten, seine Liebe ist umso beschränkter, je persönlicher ihr Charakter ist. Das ist jene Art von Liebe, die nicht völlig wahr, die begrenzt ist.

Unpersönliche Liebe ist etwas Liebliches, Schönes. Sie hat nichts von den Dingen an sich, die wir alle verabscheuen. Sie ist immer gütig gegenüber allen Dingen und jedermann – gegenüber allen

Wesen und Dingen, ob groß oder klein; sie ist intuitiv.

Verantwortungsbewusstsein, Vertrauen, Zutrauen, Liebe – diese bringen in der Tat Glück, Stärke und Freude. Pflege sie! Wenn dein Herz aber mit rein persönlichen und begrenzten Gefühlen und Gedanken erfüllt ist, kannst du diese großen Eigenschaften nicht erkennen oder in dir fühlen. Dein Herz hätte keinen Raum für sie, könnte sie nicht hereinlassen, wenn es mit nur persönlichen Dingen angefüllt wäre.

Denn persönliche Liebe kann nie eine Verantwortung tragen, hat kein Verantwortungsbewusstsein. Sie kann kein Zutrauen, kein wahres Vertrauen hegen. Sie kann nicht das Letzte geben, denn das „Ich" in all seiner Stärke ist da zu jeder Zeit, und sein einziger Gedanke ist: für mich, für mich, *für mich.* Dies ist das Unglück in der Welt von heute. Von allem Leid und aller Sorge würde ein großer, ein sehr großer Teil dahinschwinden, wenn Männer und Frauen einander unpersönlich lieben, der Mann den Mann lieben und einer den andern als Helden sehen könnte und die Frau Vertrauen in ihr eigenes Geschlecht hätte, was ihr das innere Schauen – das erhabene Schauen – verleihen würde.

Eben diese selbstische, persönliche Liebe ist es, die Leid, Schmerz und Elend ins menschliche Leben gebracht hat, geradeso wie unpersönliche Liebe läutert und reinigt und das Herz froh macht.

Es ist etwas Schönes um ein Herz, das sich hingeben kann ohne den Gedanken an Lohn oder an ein schmerzhaftes Empfinden, das dem Geber eine Zeitlang aus seiner Hingabe erwachsen kann. Jene Liebe, die ohne Gedanken an das Selbst gegeben wird, die weder Grenzen noch Hemmungen hat, die bedingungslos ist, ist göttlich. Wahre Liebe ist immer unpersönlich.

Liebe ist Friede. Liebe ist Harmonie. Liebe ist Selbstvergessenheit. Liebe ist Stärke, Kraft, inneres Schauen, Entwicklung. Ihre Macht weitet die innere Natur in solchem Maße, dass du langsam Zuneigung gewinnen wirst, weil du eins wirst mit dem gesamten Heimatuniversum, in dem du lebst, dich bewegst und dein Sein hast. Und weil sie die Harmonie selbst ist, da sie aus dem innersten Wesen, aus dem Herzen des Universums kommt, wirst du eins mit dem Göttlichen im Herzen aller Dinge.

Unpersönliche Liebe ist göttlich. Sie erleuchtet das Herz, sie weitet das Gemüt, sie erfüllt die Seele mit einem Ahnen ihres Einsseins mit allem, was da ist, sodass du keinem Mitgeschöpf wehtun kannst, so wenig wie du dem, was dir auf Erden das Liebste ist, absichtlich ein Leid zufügen kannst.

Liebe ist mächtig. Sie ist das Größte im menschlichen Leben, weil sie das Größte im Leben der

Götter ist, von dem das menschliche Leben nur ein armseliger, matter Abglanz ist. Unsere ganze Natur gießt ihren glanzvollen Strom der Allsympathie hinaus. Das Leben wird veredelt von allem Anfang an, und du siehst vor dir am fernen Horizont der Zukunft ein völliges Verstehen von allem, mit allem und ein Verschmelzen aller Wesenheiten und Dinge zu einem Bewusstsein, aus dem Hass, Zwietracht, Uneinigkeit und Nichtverstehen verschwunden sein werden.

Ein schwacher, sehr schwacher Abglanz dieser Liebe ist die Liebe eines Menschen zu einem anderen, doch ist sie zumindest der Anfang der Selbstvergessenheit. Wenn dereinst die Seele vom heiligen Glanz unpersönlicher Liebe erleuchtet ist, dann erst leben wir wirklich.

Unpersönliche Liebe fragt nicht nach Lohn. Sie gibt alles und gibt damit sich selbst. Liebe ist Erleuchtung. Sie ist Inspiration. Sie öffnet die Tore des Gemütes, weil sie die Bande der niederen Selbstheit zersprengt, die den inneren Gott fesseln. Wenn du unpersönlich liebst, strömt göttliches Feuer aus dir, und du wirst wirklich zum Menschen.

DER SCHÜLER:

Unpersönliche Liebe überwindet Furcht und Hass. Lehrest du mich so?

DER LEHRER:

Es ist so, denn die Liebe ist eine starke Macht. Vollkommene Liebe vertreibt alle Furcht. Wessen Herz von Liebe und Mitleid erfüllt ist, dem bleibt Furcht fremd. Es ist kein Raum für sie in seinem Herzen. Liebe alles, was da lebt, und du verbindest dich mit unbesiegbaren kosmischen Mächten und wirst spirituell und intellektuell hellsehend und stark. Du wirst nie etwas fürchten, solange dein Herz mit Liebe und Verstehen erfüllt ist, weil Liebe, vollkommene Liebe, Verstehen bringt. Armut bereitet dann keine Furcht, ebenso wenig der Tod.

Du kannst die Furcht überwinden, indem du dir im Geiste Bilder von hohen und edlen Taten und Gedanken der Tapferkeit und des Mutes ausmalst. Führe in Gedanken mutige Taten aus. Beobachte und bewundere den Mut anderer. Beobachte und bewundere mutige Ideen anderer. Gewöhne dich daran, alles Mutige zu lieben, um ihm dann zu folgen. Dann wirst auch du mutig werden, und die Furcht wird dahinschwinden gleich den Nebeln der Nacht beim Sonnenaufgang. Hier liegt das Geheimnis der Überwindung der Furcht: im Gebrauch der schöpferischen Imagination.

Dies sind praktische Regeln der Ethik, praktische Regeln menschlichen Verhaltens. Oh, wie bedauerlich ist es, dass die Menschen sie aus den

Augen verloren haben! Solange sich der Mensch selbst liebt, wird er der Furcht untertan sein, denn dann wird er sich vor allem fürchten, was passieren und seine Eigensucht stören könnte: Furcht vor dem Wagnis, vor der Tat, vor dem Gedanken, vor Verlust. Und dann wird der Verlust erst recht kommen. „Was ich befürchtete, ist eingetroffen!" Es ist stets so.

Die Großen unter den Menschen fürchten nichts, sie wagen, handeln, gehen vorwärts. Sie sind die Tätigen, und sie sind auch die Denker der Welt, denn immer sind sie frei von Furcht. Sie lieben ihre Taten, deshalb haben sie keine Furcht.

Der Starke ist stark, weil er liebt, nicht weil er hasst. Der Schwächling hasst, weil er klein und beschränkt ist. Er kann weder eines anderen Schmerz und Leid sehen oder fühlen, noch kann er eines anderen Standpunkt begreifen. Wer aber Liebe hat, erkennt seine Verbundenheit mit allen Dingen. Seine ganze Natur strahlt seine innere Schönheit hinaus und weitet sich mit dem inneren Feuer, das in schönen und harmonischen Gedanken und damit in schönen und guten Taten hinausleuchtet. Seine Züge werden weich und gütig. Er flößt niemandem Furcht oder Hass ein.

Unpersönliche Liebe hat etwas Magisches an sich. Sie wirkt Wunder. Sie erweicht selbst Herzen aus Stein. Nichts, nicht einmal der Hass kann ihren Durchgang hindern. Folge dem alten Gesetz: Hasse nicht. Überwinde Hass durch Liebe. Vergelte niemals Hass mit Hass, denn dadurch würdest du nur eine unheilige Flamme nähren. Erwidere den Hass mit Gerechtigkeit und Mitleid. Erwidere Ungerechtigkeit mit Gerechtigkeit. So verbindest du dich mit den spirituellen Mächten der Natur und wirst ein Kind des kosmischen Lebens, das hinfort durch dein Herz mit dem Rhythmus der Unsterblichkeit pulsieren wird.

Bleibe dir selbst getreu und erweitere den Kreis deiner Sympathien, berühre mit den Fühlfäden deines Bewusstseins die Herzen anderer Menschen. Oh, welch unsagbare Freude, das innere Vibrieren unserer Seele zu empfinden, wenn sie das Herz eines anderen berührt hat!

Lass dein Herz sich weiten durch die göttlichen Energien, die in ihm schlummern: Liebe, Mitgefühl, Erbarmen, Verstehen, Güte, das Erschauen der Schönheit im Licht der Liebe und der Liebe im Licht der Schönheit, die sie selbst ausstrahlt!

Sei gütig. Verschließe dein Herz dem Hass. Lass dein Herz sich weiten.

Ich künde, o Lanu, die Lehre, die ich selbst empfing.

DER SCHÜLER:

O Lehrer, gibt es noch eine andere Stufe, die zu dem Pfad göttlicher Liebe emporführt?

DER LEHRER:

Es gibt eine, o Schüler, sie heißt Vergeben. Das Vergeben ist die Herzensregung, die dich den ersten Schritt auf dem Weg nach oben machen lassen wird. Es ist in der Tat eine der Stufen zur göttlichen Liebe. Wahres Vergeben erfordert Charakterstärke, wahre Menschlichkeit, wahre Unterscheidungsfähigkeit und intellektuelle Kraft. Es ist die Weigerung, jemandem etwas nachzutragen, einen Groll zu hegen und Hass in sich zu dulden. Verzeihen heißt auch, das Herz von diesen schlechten und herabwürdigenden Trieben zu läutern.

Ein Beispiel: Dir wurde Unrecht getan. Was wirst du tun: Wirst du Groll und Hass hegen, die Zeit abwarten, da du mit derselben Münze zurückzahlen wirst, um so das Leid und Herzensweh der Welt um ein Doppeltes zu vermehren? Oder wirst du sagen: Nein, ich will vergeben; ich selbst habe den Weg zu diesem Unglück freigemacht, ich selbst habe in der Vergangenheit den Grund zu diesem Leid für mich gelegt. Der Unglückliche, der mir das angetan hat! Ich will ihm vergeben.

Wer Böses tut, weiß nicht, was er tut. Er ist schwach und blind. Wer aber ein verzeihendes Herz hat, ist sehend, ist stark, denn die Liebe verzeiht alles, und sie tut dies deshalb, weil sie mitfühlt und versteht. Verstehen verleiht Einsicht.

Lerne vergeben und vergib, wenn Vergebung vonnöten ist. Nicht das bloße Verzeihen mit den

Lippen ist gemeint, wenn für dich keine Versuchung besteht zu hassen, sondern jenes Verzeihen, das ein Hervorrufen der inneren Stärke bedeutet. Lass Liebe aus dir strömen, wenn ein niedriger und selbstischer Antrieb des Hasses in dir wirkt, denn Liebe bedeutet eine spirituelle Schulung, die auf deine innere Stärke und Größe hinweist.

Dies bedeutet eine große Stärkung deines inneren Wesens. Die Anstrengung und das Ergebnis legen Streitigkeiten bei, lindern Nöte, regen Vertrauen und freundliche Gefühle an; und zu dem, der aufrichtig und erfolgreich vergibt, kommen ein Frieden und ein Bewusstsein der Stärke, die durch nichts anderes vermittelt werden können.

Vergib und liebe deinen Nächsten und lass jene Liebe, die dein Herz mit ihrem heiligen Licht erfüllt und dein Gemüt mit ihrem göttlichen Glanz erleuchtet, hinausgehen zu allem, was da lebt. Lass keine Hemmungen und Schranken die Liebe auf ihrem Wege hindern, und dein Lohn wird sehr groß sein. Denn Liebe ruft nicht nur wieder Liebe in anderer Herzen wach, sondern hebt auch dich selbst höher empor. Sie bringt nicht nur in den Seelen derer, die du liebst, Schönes zum Erwachen, sondern sie entwickelt auch deine eigenen Fähigkeiten und Kräfte.

Vergib und liebe, und du stellst deine Füße damit auf jenen Pfad, der dich geradewegs zur spirituellen Sonne führt, die ewig aufgeht und

Heilkräfte durch ihre Schwingungen ausströmen lässt. Vergib und liebe, und ehe du dich dessen versiehst, wirst du den sanften Hauch der buddhischen Strahlenkraft – des Christosgeistes – empfinden, der durch dein ganzes Wesen strömt. Du wirst dann zu einer wohltätigen Macht auf Erden, nicht nur geliebt von deinen Mitmenschen, sondern ein Segen für alle Wesen. Du wirst dann damit beginnen, von den erhabenen Kräften und Fähigkeiten, die dem Gott in dir eigen sind, den richtigen Gebrauch zu machen. Du wirst alle Dinge verstehen, weil die Liebe hellsehend und eine mächtige Kraft ist.

Lerne vergeben, denn es ist erhaben! Lerne lieben, denn es ist göttlich!

DER SCHÜLER:

Es ist göttlich!

der Chela-Pfad

DER CHELA-PFAD

DER SCHÜLER:

O Gurudeva, mein Herz ist von Dankbarkeit erfüllt, mit höchstem Vertrauen folge ich dir.

DER LEHRER:

Gesegnet seist du, o Lanu!

Wahrlich schön ist das Band, das Lehrer und Schüler verbindet. Auf Seiten des Schülers das Gefühl vollkommenen Vertrauens und höchster Liebe, sodass nichts von seinem Empfinden vor seinem Lehrer verborgen bleiben kann; und auf Seiten des Lehrers das Verstehen, das Mitfühlen, die Liebe, ja manchmal oder oft Anerkennung. Wenn der Schüler seinem Lehrer gegenüber Dankbarkeit empfindet, so hat auch der Lehrer das gleiche Gefühl für seinen Schüler, denn er sieht in ihm das keimende Leben eines neuen Meisters des Mitleids, das in kommenden Äonen erblühen soll.

Sei, o Lanu, guten Mutes! Folge dem Pfad, den du eingeschlagen hast. Folge ihm getreulich, trotz der Fehler, die du machen magst, und der Hindernisse, die du zu überwinden haben wirst. Folge jenem Pfad, der immer tiefer nach innen führt, zu dem Gott in dir. Er wird dich zum Herzen des Alls führen. Und wenn du auf diesem Pfad vorwärtsschreitest, wirst du zunehmen an innerer Kraft, werden deine inneren Fähigkeiten sich steigern, werden die spirituellen und intellektuellen Teile deines Wesens sich entfalten, und damit werden sich vor dir Tore auftun, durch die du bei jedem neuen Wendepunkt immer weiter nach innen, dem Herzen des Universums entgegenblicken kannst.

Jede Einweihung ist nur das Öffnen eines neuen Tores der Erfahrung in den Reichen des inneren Lebens. Jedes neue Tor schließt sich hinter dir auf immerdar. Nie kannst du wieder zurückschreiten. Selbst wenn du dich auch eine Zeitlang mit gesteigerten Fähigkeiten, mit vermehrter Macht, mit neuen inneren Kräften in einer neuen Welt befindest, so wirst du doch immer wieder ein neues Tor vor dir sehen. Diese „Tore" werden auch „Schleier" genannt, und wenn ein Schleier vor dir fällt, findet sich immer wieder ein anderer dahinter. Jede neue Tempelkammer, von der anderen durch einen Schleier getrennt, ist von einem größeren Licht als die zuletzt durchschrittene erfüllt.

Groß ist der Lohn jener, die erfolgreich sind – in der Tat unaussprechlich herrlich. Und dieser Erfolg ist nur der erste in einer Reihe noch größerer Erfolge. Denn jeder Schritt vorwärts öffnet eine neue Reihe von Möglichkeiten in dem endlosen und ewig wechselnden Panorama des universalen Lebens. Jeder Schritt vorwärts führt in größeres Licht, im Vergleich zu dem das frühere Licht nur Schatten ist. Doch der heilige Glanz der Wahrheit, des Lichtes und der Liebe scheint durch jeden Schleier; und jenes Licht wohnt immer in dir, denn es ist dein innerstes Selbst.

Wenn du eins wirst mit deinem innersten Selbst und Schleier um Schleier von verdunkelnden persönlichen Hüllen fallen – seien diese Hüllen physisch, astral, psychisch oder mental oder selbst spirituell –, wenn du mehr und mehr nach innen oder aufwärts gehst, dann kommst du dem inneren Gott immer näher, der die Lebensessenz jener Wahrheit ist; und daher wird, wenn du dies wirst, aus deinem rein menschlichen Bewusstsein universales Bewusstsein. Der Gott in dir ist einer der spirituellen Bausteine des grenzenlosen Universums, und das grenzenlose Universum ist ein Gewebe, ein Netz aus Bewusstsein. Erkenne dich selbst, und du wirst alle Dinge erkennen.

Der Pfad des Wachstums ist kein schwieriger Pfad. Er wird ein steiler und dorniger Pfad genannt, doch ist er dies nur für den selbstischen, egoistischen, leidenschaftlichen, niederen Menschen. Der Weg des Geistes ist der Weg des Lichts, der Weg des Friedens, der Weg der Hoffnung, er ist der Weg zur Sonne. Stelle deine Füße fest auf diesen Pfad, folge ihm und schreite vorwärts.

DER SCHÜLER:

Wird der Strebende auf diesem schwierigen Pfad von seinem Lehrer unterstützt?

DER LEHRER:

Gewiss, er wird durch die Liebe seines Führers gehalten, doch muss er jeden Schritt auf dem Pfad bis zum Sieg allein gehen. Er wird nicht dahin getragen. Jeden Schritt muss er selbst machen. Im gewöhnlichen Menschenleben müssen wir unseren Weg in der Welt auch selbst finden. Wir ernähren, belehren, unterrichten uns selbst. Wenn dies hier eine Notwendigkeit ist, so ist es eine zehnfache Notwendigkeit im esoterischen Leben. Alles müssen wir dort selbst erringen, weil wir nur das aus uns herausbringen können, was innen ist; unser eigener Wille, unser eigenes Bewusstsein müssen zum Erwachen kommen, zum völligen Erwachen, und zwar durch unsere eigenen Anstrengungen.

Du kannst nicht sehen, es sei denn, du benutzt deine eigenen Sehkräfte. Du kannst nicht verstehen, es sei denn mit der Kraft deines eigenen Verstehens. So musst du auch in der esoterischen Schulung alles selbst erringen. Du selbst musst in deiner Seele die heilige Flamme entfachen. Und so ist es bei jedem anderen deiner spirituellen und intellektuellen Fortschritte. Du selbst musst die unsagbare Freude des Mitleids erleben, das unaussprechliche Gefühl des Einsseins mit dem All. Du selbst musst das Gefäß sein für das innere Licht, das du selbst erringen musst. Es ist in dir wie über dir, es sendet dir Stärkung und Inspiration zu. Werde es!

DER SCHÜLER:

Wird durch das Emporstreben zu diesem inneren Licht, durch das ständige Daran-Denken, Fortschritt erreicht?

DER LEHRER:

In Wahrheit kommt das spirituelle Licht von innen zu dir. Du empfängst das Licht, das Licht des Geistes, nicht von außen. Alles, was der Lehrer tun kann, ist, dir dabei zu helfen, die verdunkelnden Schleier der Selbstheit auf vielerlei und verschiedene Arten abzustreifen. Alle spirituelle Erleuchtung kommt und wird immer zu dir von dem Meister in dir selbst kommen. Ein anderer Pfad zum Licht ist nicht möglich. Alles Wachstum geschieht von innen heraus, alle Erleuchtung kommt von innen, alle Inspiration fließt von innen heraus, alle Einweihung geschieht von innen.

Höhere Sehnsucht ist wahres Gebet; es ist ein beständiges Aufwärtsstreben von Tag zu Tag, das tägliche Bemühen, sich etwas höher zu dem inneren Gott zu erheben. Dies bedeutet Harmonie, innere Harmonie, Frieden. Wenn du daher Harmonie und Frieden in dir, in Herz und Gemüt trägst, so wird sich in deinem physischen Körper dieser Gemüts- und Herzenszustand widerspiegeln, und dein Körper wird in Harmonie, das heißt in Gesundheit, funktionieren.

Erhabene Ideen und gütige Gedanken läutern und verfeinern außerdem die aurische Atmosphäre um jeden Menschen, und es ist die strenge Pflicht eines jeden Schülers auf dem Pfad, dies zu tun. Höheres Sehnen, das Sehnen nach erhabenen und edlen Dingen verfeinert selbst die Atome unserer Konstitution, unsere gesamte Wesenheit.

Der Schüler sollte in seinem Bewusstsein, mit seinem ganzen Denken immer bei diesen Lehren sein. Sie sollten unaufhörlich in deinem Bewusstsein festgehalten werden. Du solltest ständig über sie nachsinnen. Du solltest mit ihnen zu Bett gehen, mit ihnen aufstehen, du solltest beim Ankleiden, beim Baden, beim Essen, sogar bei der Erfüllung deiner Pflichten in ständiger Verbindung mit ihnen sein. Halte dein Gemüt in stetem Nachsinnen über diese wunderbaren Lehren. Dieses „Überbewusstseins-Gemüt" ist die Wurzel von dir, die göttliche Essenz, bei der und in der dieses sinnende Bewusstsein verweilt.

So ist die Meditation: Nimm deine Frage zum Nachdenken und verweile in Gedanken auf unpersönliche Weise bei ihr, indem du zugleich auch in dir nach Antwort, nach mehr Licht darüber suchst. Und wenn diese Meditationsmethode getreulich befolgt wird, wird schließlich auch Licht erscheinen. Die Übung macht es so leicht, die Gewohnheit verleiht ihr so viel Anziehendes, dass schließlich die Zeit kommen wird, da du den ganzen Tag über im Meditationszustand verweilen wirst, selbst wenn deine Hände mit den Aufgaben des Tages beschäftigt sind. Unaussprechliches Glück und Frieden liegen darin.

Man braucht sich dabei nicht in sein Kämmerlein zurückzuziehen oder eine besondere liegende, sitzende oder stehende Haltung einzunehmen; braucht nicht unter Aufbietung von Willenskraft das Gehirn zu zwingen, an bestimmte Dinge zu denken. Konzentration bedeutet das Festlegen des Gemütes auf einen besonderen Gedanken, bei dem es verbleiben soll. Dies ist leicht zu vollbringen, und es gehört dazu nur Interesse an der betreffenden Idee. Wenn du an etwas wirklich Interesse hast, wird sich dein Gemüt von selbst darauf richten.

Die beste Form der Meditation jedoch ist der ständige Gedanke, das unaufhörliche Sehnen und Streben nach besserem Sein, nach edlem Leben, und das stete Verweilen bei diesem Gedanken Tag und Nacht. Wenn das Sehnen nach Besserem und Edlerem aus dem Geist des Mitleids stammt und im Herzen gleich einem heiligen Energiestrom flutet, so wird es dich bald zu den goldenen Toren hinführen.

Doch der nächste Schritt auf dem Pfad wird getan, wenn der Schüler bereit ist: Alles hängt von ihm selbst ab. Der Lehrer kann nichts anderes tun, als ihn zu erwecken. Des Schülers Aufgabe ist es, sich zu entscheiden. Denn ist der Schüler bereit, stellt auch der Lehrer sich ein.

DER SCHÜLER:

O Lehrer des Gesetzes, kannst du mir eine Weisung geben zu diesem nächsten Schritt?

DER LEHRER:

Es kommt eine Zeit in der Entwicklung des Menschen, da ein Mann oder eine Frau an einem Punkt anlangen, wo sie all ihre Energien – spirituelle, intellektuelle, psychische, astrale, vitale, physische – auf ein Ziel hin zu richten wünschen: nämlich, sich ohne jegliche Ablenkung oder anderweitige Pflichten zu einem tauglichen Diener und Helfer ihrer Mitmenschen zu machen. Dies ist der Beginn der Chelaschaft, des Standes der Jüngerschaft. Doch ist dieser Pfad der Jüngerschaft nur für die Wenigen.

Jene, die diesem Pfad spirituellen Fortschritts und der Erleuchtung folgen – die Jünger des spirituellen Lebens, die das Chelaleben führen –, haben gelobt, ihr Selbst der Welt hinzugeben, keinen eigenen persönlichen Besitz zu haben, ihr Leben und ihr ganzes Sein um der heiligsten Sache willen, die sie kennen, hinzugeben. Für diese Jünger des schönen Lebens ist Nichtwiderstehen das Gebot: Sie haben geschworen, nie zurückzuschlagen, nie die Hand zur Selbstverteidigung zu erheben, wenn der Angriff nur gegen den Chela geht; sich nie gegen Verleumdung und Nachrede zu verwahren, sofern dies nur zur Verteidigung der eigenen Persönlichkeit geschieht; wenn jemand auf die eine Backe schlägt, auch die andere hinzuhalten, und dem, der den Mantel verlangt, auch noch das Hemd hinzugeben. Doch diese Chelas geloben auch, Unrecht zu bannen, böses Tun einzudämmen und wenn möglich aufzuhalten, wenn dies gegen einen anderen gerichtet ist, weil ein Chela für einen anderen das tut, was er nie für sich selbst tun mag.

Die Chelas verschließen ihr Gemüt für Freude wie für Schmerz; denn der ideale Mensch ist jener, dessen Wille und Urteil nicht durch Freude oder Schmerz gebeugt und abgelenkt werden.

Der überlegene Mensch ist jener, der unerschütterlich ist und weder durch Vergnügen verlockt noch durch Schmerzen niedergedrückt wird.

Die Chelas geben sich hin zum Segen für die Welt; sie geben alle persönlichen Dinge auf, um für das All zu leben. Sie geben sich hin, diese wenigen, und mehr kann keiner geben. Dies ist der Pfad der Buddhas und der Christuswesen.

Die Chelaschaft oder die Schulung zur Meisterschaft ist ein mühevolles und herzbewegendes Werk. Jeder Schritt dabei ist Freude, obgleich zuzeiten psychologische Reaktionen kommen, vor denen man sich in Acht nehmen muss. Das Chelaleben kann mit dem Leben eines Mannes verglichen werden, der ein wichtiges, faszinierendes, äußerst interessantes und dabei sehr mühevolles Werk verrichtet. Er müht sich ab, gibt alle seine Kräfte her, sein Atem geht in schnellen Stößen, seine Stirn und sein ganzer Körper sind schweißgebadet, und doch fühlt er, wie unter seinen Händen ein Werk von wunderbarer Schönheit sich vollendet. Er ist freudig entschlossen, dafür seine letzte Kraft hinzugeben. Der Chela weiß, dass, wenn sein Karma günstig ist, jenseits der fernen Hügel, für ihn vielleicht nicht so sehr weit weg, der Weisheitstempel liegt und seine Tore sich vor ihm auftun werden, wenn er ihn in Reinheit und Stärke erreichen kann. Kommt er mit beschmutzten Füßen, mit Füßen, die er nicht mit den Tränen seiner Augen und dem Blut seines Herzens reingewaschen hat, so muss er seine Schritte zurücklenken oder warten, bis die Zeit kommt, da sein Herz nicht mehr bluten wird und seine Augen nicht mehr von den Tränen selbstsüchtigen persönlichen Strebens nach bloßen Persönlichkeitszielen verdunkelt sein werden. Dann werden die Augen aufleuchten unter dem Glanz der unsterblichen inneren Flamme, und das Herz wird nur für andere schlagen, weil es völlig selbstvergessen sein wird. Dann werden Schönheit, unsagbare Freude, unvorstellbare Stärke und Frieden in sein Leben kommen.

Die Chelaschaft an sich ist nichts Schwieriges. Eigentlich ist sie etwas Leichtes, ja unsagbar Leichtes. Sie bedeutet das Aufgeben von Schmerz und Leid, von Zorn, Lust und Selbstsucht, das Aufgeben all der Dinge, die uns schaden, die uns blenden, verkümmern lassen und uns hemmen. Sie bedeutet Reinheit, Sanftmut, Frische, Stärke, Lauterkeit, Schönheit. Sie bedeutet, damit zu beginnen, das Leben eines verkörperten Gottes zu führen. Sie bedeutet das Einswerden mit dem eigenen inneren Gott in immer höherem Maße; zuerst ein wenig, bei der nächsten Anstrengung ein wenig mehr und so weiter; denn mit jeder Anstrengung gewinnt der Chela mehr und mehr von dem inneren Licht, von dem inneren Leben, von der inneren Inspiration – von der inneren buddhischen Strahlenkraft. Mit anderen Worten, sie bedeutet das immer tiefere Einswerden mit dem inneren Meister. In jedem Menschenwesen ist immer, auch jetzt schon, eine erhabene Wesenheit, ein Mahâtman.

DER SCHÜLER:

O Spender der Weisheit, willst du die erste Regel geben für diesen erhabenen Pfad?

DER LEHRER:

Das Leben der Chelaschaft ist ein schönes Leben, und die erste Regel ist, für die Menschheit zu leben, ein reines Leben zu führen mit reinem Herzen, scharfem Verstand und ungetrübter spiritueller Wahrnehmung.

Für die Menschheit zu leben ist der erste Schritt. Es ist auch der erste Schritt im Schauen, der erste Schritt in spirituellem Wachstum, der erste Schritt in der Höherwanderung. Er bedeutet, nicht für sich selbst zu leben, sondern für das All, das aber von einem anderen Standpunkt aus betrachtet in der Tat du selbst bist; denn ES ist du, und du bist ES.

Gütig, sanft, gerecht zu sein und seine spirituellen und intellektuellen Kräfte zu pflegen, das ist das Chelaleben, und es ist tatsächlich das Einfachste der Welt. Lass dich nie zu Zorn oder Leidenschaft hinreißen. Sie sind nicht nur zwecklos, sondern du schaffst durch sie schlechtes Karma, dem du eines Tages wieder begegnen musst, um es zu überwinden.

Sei selbstvergessen. Sei unpersönlich und deshalb der Materie nicht verfallen. Sei losgelöst von der Selbstsucht und damit unpersönlich. Sei groß an Herz und Seele, dann kannst du durch Unpersönlichkeit wachsen. Ertrage Unrecht mit Gleichmut, dadurch erringst du Großmut – Herzensgröße. Schlage nie zurück, suche nicht Vergeltung zu üben, sei still, habe Geduld. Beschütze andere, doch du selbst bleibe ohne Schutz.

Vergib Beleidigungen! Mit einem Herzen, erfüllt von Liebe zu allem, was da ist, und vollständigem und restlosem Verzeihen aller Beleidigungen, vergangener, gegenwärtiger und zukünftiger, umgibt sich der Chela mit einer starken, schützenden Macht. Denn diese spirituellen Energien läutern das Herz, sie regen den Intellekt an, sie heben die Seele empor. Sie werden deine Seele durch deinen Körper leuchten lassen gleich einer Lampe, die durch Glas scheint, und du wirst jene, bei denen du bist, nicht nur ebenfalls erleuchten, sondern durch deinen Frieden, durch deine Stille wirst du ihren Pfad erleichtern und erhellen.

Sei kühn in deinem Lernen, doch nicht tollkühn. Sei mutig in deinem Vorwärtsdrängen auf diesem alten, alten Pfade aller Zeiten, der zum Herzen des Universums führt, doch überstürze nichts. Hüte deine Rede wohl, damit nicht etwas Unsichtbares mit den Worten hinausgeht: Denn du kannst es nie zurückrufen. Wage, wolle, wisse und schweige!

Wachse natürlich und ungezwungen, so wie die Blume ihren Kelch erschließt, wie die Knospe ihr Herz öffnet. Muss es denn immer so bleiben, dass die Augen stets von Tränen getrübt und die Füße immerdar mit dem Blut des Herzens rein gewaschen werden müssen?

Verliere nicht den Mut, wenn du Misserfolg erleidest, wenn du nicht deinem edelsten Ideal nachleben kannst. Vergeude noch nicht einmal Zeit mit Bereuen, denn du schwächst dich damit nur. Fasse nur einfach den festen Entschluss: Ich will es nicht wieder tun! Und wenn du wieder fehlst, so wiederhole von Neuem: Ich will es nicht wieder tun, denn wenn ich es wieder tue, verliere ich ja doch nur. Der Tag wird kommen, an dem durch die ständige Wiederholung des Mantrams, durch die nimmer ermattende Lichtsehnsucht von Herz und Gemüt und durch das unermüdliche Streben und Ringen nach dem Besten und Schönsten, das in dir ist, du dies Gute und Schöne plötzlich sein, zu ihm plötzlich werden wirst.

Wenn du das Chelaleben führst, so tauschst du nur die Dinge, die du innerlich verabscheust und hasst, gegen Dinge aus, die schön und hilfreich sind. Du tauschst Schwachheit gegen Stärke,

Hässlichkeit gegen Schönheit, Blindheit gegen inneres Schauen, Dunkelheit gegen Licht.

Mache keine mühevollen, krampfhaften, verzweifelten Anstrengungen, quäle dich nicht ab. Sei ganz natürlich, geduldig, ruhig, friedlich. Sei nicht ungeduldig, sei sehr geduldig. Nimm die Dinge, wie sie kommen, und strebe unaufhörlich. Strebe nach dem, was du am meisten liebst und für das Echteste hältst, und verzichte auf alles Übrige. Erfülle deine ganze Pflicht, wie schwer es dich auch ankommen mag, und du wirst finden, dass unsagbare Freude darin liegt. Dann wird sich früher oder später das innere Auge öffnen, das Schauen und die inneren Sinne werden sich erschließen, und du wirst Zeuge sein von sehr wunderbaren und seltsamen Dingen um dich.

DER SCHÜLER:

O Gurudeva, willst du mir nun dieses Erschließen der inneren Sinne beschreiben?

DER LEHRER:

Die spirituellen Fähigkeiten sind in dir, Lanu, und ihre Entfaltungsmöglichkeiten sind unbegrenzt. Wenn das innere Auge geöffnet ist, wirst du spirituelles Hellsehen erreicht haben – ein Schauen von universaler Weite, eingeschränkt nur durch die Grenzen deiner individuellen Fähigkeiten, zu empfangen, aufzunehmen und auszudeuten – und die spirituelle Fähigkeit, zu sehen und recht zu sehen und beim Schauen zu wissen, dass es Wahrheit ist. Wenn du dich mit deinem inneren Gott verbunden hast, wird die spirituelle Kraft dir zeigen, wie du Dinge auf beliebige Entfernung hin sehen kannst. Du erblickst sofort Dinge über gewaltige Entfernung hin durch das innere spirituelle Auge. Dein Bewusstsein ist dort, wohin du es gesandt hast. Du kannst in deinem Lehnstuhl sitzen und mit geschlossenen Augen bis auf größte Entfernungen sehen, was du schauen willst. Dies kann nicht nur in dieser Außenwelt geschehen, sondern du kannst mit diesem spirituellen Schauen auch in die inneren und unsichtbaren Welten eindringen und erfahren, was in spirituellen und ätherischen Welten vor sich geht. Bedenke auch, dass diese inneren und unsichtbaren Welten die Basis oder Wurzel sind von diesem bloßen Querschnitt, den wir Menschen das physische Universum nennen. Dieses physische Weltall ist nur eine Phase oder Ebene des großen Universums des grenzenlosen Lebens.

In Tibet wird diese Kraft Hpho-wa genannt. Das bedeutet die Fähigkeit, dein Bewusstsein (und damit auch deinen Willen) auf jede beliebige Entfernung hin auszusenden: auf Erden, auf den Mond, auf jeden anderen Planeten, auf die Sonne. Dies ist möglich, weil die kosmischen Räume deine Heimat sind. Sie sind du, und du bist sie. Die gleichen Kräfte, die in ihnen wirken, sind auch in dir. Die gleichen Substanzen, aus denen sie geboren und erbaut sind, sind auch der Stoff, aus dem du gebildet bist. Du bist dort zu Hause, daher ist das Hervorbringen einer solchen Kraft etwas Natürliches.

Eine andere spirituelle Kraft ist echtes und wahres Hellhören: die Fähigkeit, mit dem spirituellen Gehörsinn, dem inneren, spirituellen Ohr zu hören, das zu hören, was die Götter sagen und tun. Mit dieser Fähigkeit kannst du die Musik der Sphären vernehmen, denn jeder auf seiner Bahn kreisende Himmelskörper singt seinen eigenen, majestätischen Freudengesang. Und da alles auf Erden wie anderswo, ob es belebt oder, wie man sagt, unbelebt sei, eine Anhäufung von Atomen ist, ist auch alles eine symphonische Melodie, eine Symphonie, der vereinigte Klangkörper, der aus den Tönen aller singenden Wesenheiten gebildet wird. Und jedes Atom davon ist eine singende Wesenheit, sodass auch unsere physischen Körper selbst einen verkörperten Gesang darstellen.

Jedes winzige Atom ist auf eine musikalische Note abgestimmt. Es ist in ständiger Bewegung, in ständiger Schwingung mit Geschwindigkeiten, die dem gewöhnlichen menschlichen Gehirngemüt unbegreiflich sind. Jede solche Geschwindigkeit hat ihre eigene numerische Ordnung, mit anderen Worten, ihre eigene numerische Note und singt daher diese Note. Wärst du dieses spirituellen Hellhörens fähig, so würde das dich umgebende Leben für dich ein einziges großes, wundersames Lied sein, und du selbst würdest ein Lied singen. Dein Körper wäre sozusagen ein Symphonieorchester, das eine erhabene, unbegreifliche Symphoniekomposition aufführt.

Mit der erweckten Kraft des inneren spirituellen Hörens könntest du das Öffnen einer Rosenknospe als Lied wahrnehmen, und ihr Wachstum würde sich als eine stets wechselnde Melodie äußern, die von Tag zu Tag unaufhörlich erklingt. Du könntest den grünen Grashalm wachsen hören. Du könntest vernehmen, wie jedes Haar auf deinem Kopf wächst, denn Wachstum ist Bewegung. Das Heranwachsen eines kleinen Kindes würdest du als langhinhallenden Chor singender atomischer Wesenheiten hören.

Dann, wenn die spirituelle Kraft erweckt ist, kannst du deine Gedanken übertragen, ohne Worte – eine stimmlose Sprache –, wie auch dein Bewusstsein und deinen Willen, und zwar zu jedem Ort der Welt; du kannst tatsächlich dort sein, sehen, was dort vor sich geht, und wissen, was dort geschieht.

Eine andere spirituelle Fähigkeit ist die des erwachten Verstehens: die Fähigkeit, die dich befähigt, zwischen Gedanken und Gedanken, Dingen und Dingen zu unterscheiden und sie untereinander zu erkennen. Sie ist eine Schwester allmächtiger Liebe: denn dieses Verstehen ist von der gleichen Natur wie das Herz des Universums. Du hast es in dir. Wenn du es pflegst, kannst du alle Dinge verstehen: warum das Gras wächst, warum der Pfirsichbaum Blüten trägt, warum unsere Mitmenschen leben, warum du hier lebst, was dir die Sterne auf ihren Bahnen unaufhörlich zusingen, warum Hass und Liebe, Tag und Nacht, Sommer und Winter, Hitze und Kälte und alle anderen Gegensatzpaare im Universum bestehen.

Doch die höchste Fähigkeit, die größte Macht hast du, wenn du dich selbst gefunden hast, wenn du angefangen hast, dich selbst zu erkennen, und dann in dir unbegreifliche, schöne, erhabene, unbeschreiblich große Mysterien entdeckt hast. Und die wundersamste Macht von allen ist die Macht allmächtiger Liebe; denn Liebe ist das Bindemittel des Universums, das alle Dinge in beständigen, geordneten, gesetzmäßigen Bahnen hält – die höchste, erhabenste Kraft der Natur. Und nichts, weder oben im Himmel noch unten auf Erden, noch in den Regionen unter der Erde, kann sie auf ihrem Weg aufhalten oder ihre alldurchdringende Macht hemmen. Sie ist alldurchdringend, sie kennt kein Hindernis. Und wenn du Liebe ausstrahlst, erzeugst du sie in anderen, denn du selbst wirst dann liebenswert infolge ihrer strahlengleichen Ausströmungen, die aus deinem eigenen Herzen hinausgehen. Wenn du eins mit ihr wirst – mit dem, was du in deinem innersten Wesen bist –, wirst du zu einem Gott, ja, zu einem Gott; denn solch ein Gott bist du in deinem Innersten – wahrhaftig ein Sohn der Sonne. Die Göttlichkeit in dir ist strahlende Herrlichkeit, eine Herrlichkeit, unbeschreiblich schön, glänzend, leuchtend und unaufhörlich spirituelle Energie und Kraft hinausstrahlend.

So solltest du, wenn du wachsen, werden und erfolgreich sein willst, jene Kräfte entwickeln, denen nichts widerstehen, die niemand und nichts aufhalten kann, die Tag und Nacht wirken, in der Stille wie im Sturm, unermüdlich. Sie sind die Herzensenergie des Universums, von dem du ein Kind bist. Diese Kräfte, Liebe, Intelligenz, Mitleid, Erbarmen, Vergeben, und ihre Früchte, wie Sanftmut, Güte, Milde, solltest du entwickeln. Aber du wirst diese spirituellen Kräfte niemals erringen können, bevor nicht die letzte Spur der selbstsüchtigen Ichheit von dir getilgt ist, denn die Natur wird es nicht zulassen. Der Weg zur Erlangung wunderbarer Kräfte besteht in der Aufgabe der Selbstheit, die diese Kräfte an ihrem Wirken hindert.

Deshalb sage ich dir: Gehe der Sonne entgegen, die in dir ist. Erobere das Reich des Himmels mit Gewalt, denn es ist dein, es ist dein spirituelles Erbe.

DER SCHÜLER:

Und die Gefahren, die auf dem Pfad des Chelas lauern: Was muss er tun, um sie zu überwinden?

DER LEHRER:

Der Chela lernt zu verstehen, und er fühlt daher, dass er, wenn er den Göttern gleich werden will, auf göttergleichen Wegen wandeln muss. Er hat einen freien Willen. Da er diesen freien Willen hat, ist es auch seine strenge Pflicht, ihn zu gebrauchen; er ist verpflichtet, ihn immer auf unpersönliche Weise und zu unpersönlichen Zwecken anzuwenden. In je höherem Grade der Chela dies zu tun imstande ist, umso rascher ist sein Vorwärtsschreiten auf dem Pfad. Je höher ein Mensch aufsteigt, desto notwendiger ist es für ihn, sein Ich fortschreitend immer mehr zu vergessen und im Einklang mit den Gesetzen der Natur zu wirken.

Wenn ein Jünger einzig und allein mit und durch seine spirituelle Natur wirkt, wird er eins mit der Natur und arbeitet daher mit ihr, und die Natur betrachtet ihn als einen ihrer Schöpfer und leistet ihm willigen Gehorsam. Denn weil er mit der Natur arbeitet, ist er keiner Reaktion von Seiten der Natur ausgesetzt, und so erhebt sich der Jünger über das Karma und wird eins mit dem Herzen des Alls, indem er nichts tut, was dem Naturgesetz zuwiderläuft; daher gibt es keine

Rückwirkung auf ihn. Er wirkt mit der Natur, weil er eins ist mit den Antrieben, die seinem eigenen Herzen entspringen.

O Lanu, je höher du aufsteigst auf dem Pfad der Evolution, umso mehr Vorsicht musst du walten lassen. Daher musst du sorgfältig achtgeben auf all dein Denken und Fühlen und auf dein ganzes Tun. Du hast gelernt, zumindest bis zu einem gewissen Grad, deinen Willen zu gebrauchen und seine Anwendung zu bestimmen, und die Natur wird dich auch in entsprechendem Maße verantwortlich halten. Nach den Gesetzen des Universums steigst oder fällst du bei jedem Gedanken, den du hast, und bei jeder Tat, die du ausführst. In jedem Augenblick deines Lebens stehst du am Kreuzweg vor der Entscheidung für rechts oder links.

Mache dir keine Gedanken über die Folgen. Denke nur an die Durchführung deiner Pflicht, an ihre gute Durchführung, und überlasse alles Übrige sich selbst. Dies ist der Weg des Friedens, der Weg des Glücks, der Weg, der immer weiter in die Höhe führt.

Ein selbstbewusstes Gefühl persönlicher, individueller oder spiritueller Überlegenheit ist eine tatsächliche Gefahr. Reiße dieses Gefühl aus deinem Herzen und wirf es auf immer von dir. Es ist eine Schlange, die beißen und dein inneres Leben vergiften will. Sei unpersönlich!

Doch die größte aller Gefahren ist das Gefühl spirituellen Stolzes. Ertöte es und arbeite an dir, bis du dein Herz von seinem egoistischen Stolz geläutert hast. Begehren und Stolz werden manchmal irrtümlich für Intuition gehalten und für das Gefühl wirklicher Befähigung.

Und doch ist es der Erkenntnisdrang, der zu einem Fortschritt auf dem Pfad führt. Es ist jedoch ein Drang nicht zum Erwerb von Wissen um unseretwillen noch zum Erlangen eigener abstrakter Erkenntnis, sondern zu dem Zweck, Erkenntnis auf den Altar der Dienstleistung zu legen. Oh, welch gewaltige Kraft steht hinter diesem Gedanken und dieser Tatsache! Der Wunsch nach unpersönlicher Dienstleistung läutert das Herz, klärt das Gemüt und löst die Verknotungen der niederen Selbstheit, sodass du dich öffnest und auf diese Weise aufnahmefähig wirst für Weisheit. Dieses Verlangen ist die treibende Kraft, der Motor, der den Schüler vorwärtsbringt, immer höher und höher.

Es ist nur das persönliche, das niedere Selbst, das den Fortschritt hemmt. Denke darüber nach! Denke daran, dass es die Schleier der Selbstheit, die selbstsüchtigen Verlangen, die selbstsüchtigen Triebe sind, der Wunsch, etwas zu sein und etwas für sich persönlich zu erreichen, die den Fortschritt hemmen. Habe keine Wünsche! Habe nicht einmal das Verlangen nach Erfolg! Sei kristallklar in deinem Gemüt, sei ebenso unpersönlich wie der Geist, dem du entstammst.

Verlange nicht nach Licht, Lanu. Sei nicht aufgeregt und besorgt oder eifrig bestrebt, vorwärtszukommen. Meide Gefühlserregungen jeder Art, selbst jene höherer Art. Dagegen sei gesammelt, sei ruhig. Halte dein Gemüt klar und durchsichtig wie ein Bergsee, und deine Seele sei unbewegt und unberührt von den wechselhaften Winden selbstischer Gedanken.

Still sind die Stätten, an denen Wachstum vor sich geht. Still sind die Kammern, in denen das Herz erleuchtet wird. Die majestätischsten Prozesse der Natur vollziehen sich in der Stille, friedlich, ruhig. Alles Wachstum geht ruhig vor sich, ohne Anspannung, in der Stille. Kampf und Streit, Geschäftigkeit, Unrast, Ruhelosigkeit – all diese Dinge sind Zeichen menschlicher Unvollkommenheit und des Mangels an Erkenntnis und an Weisheit der Herzenslehre. Es liegt in der Tat im Wesen des Himmlischen, nichts mühevoll zu erstreben. Deshalb verrichte dein Werk ruhig, gründlich und ungezwungen. Sei still und wache. Sei im Spirituellen so aktiv, wie du nach außen hin ruhig bist. Dann wird dein Gemüt den goldenen Glanz der Sonne des Lichts in dir – deines inneren Gottes – widerstrahlen.

Der einzige Umstand, der dich am Empfangen dieses Lichtes hindert, sind die verhüllenden Schleier der Selbstheit: Selbstsucht, Ichsucht, Zorn, Hass, Neid und unedles Begehren jeder Art. Diesen Dingen muss der Schüler entgegenzutreten und sie in sich zu ertöten lernen. Wenn er dies versäumt, werden sie ihn töten.

Hast du noch nie versucht, einer Lieblingsversuchung zu widerstehen und sie zu überwinden und auf das erschlagene Selbst herabzublicken, das hässliche Ding, das dich vorher in seiner Gewalt hatte; und kam es dir dabei nicht seltsam vor, dass du je das Opfer von etwas so Niedrigem sein konntest?

Hebe deine Seele empor in Gedanken der Stille. Die Liebe wird die Schwingen deiner Seele lenken zu deiner spirituellen Sonne. Mühe dich nicht ab, doch schreite immerhin vorwärts. Strebe nicht ängstlich nach Vollkommenheit, doch wirke trotzdem, um Vollkommenes zu erreichen. Lass weder Ängstlichkeit deine Augen trüben, noch Sehnsucht deine Schritte hemmen; doch dringe unentwegt vorwärts, schreite vorwärts. Sei im Frieden, o Lanu.

Verfeinere dein Denken. Läutere dein Gemüt. Reinige dein Herz. Ein reines Herz und ein scharfer Verstand werden dich durch alle Fährnisse bringen. Liebe zu allen Wesen und Dingen, groß und klein, wird einen Wall, eine Schutzmauer um dich bilden, so stark und unübersteigbar, dass nichts über diesen Wall der Liebe hinweg zu deinem Herzen dringen kann. Bahne dir deinen Weg durch deinen Willen – das mystische Schwert –, und so dringe vorwärts.

Dein spiritueller Wille ist für dich nicht nur ein Rettungsschild, sondern er ist sozusagen auch das Schwert, mit dem du dir einen Weg zur Selbstüberwindung bahnen kannst, was Frieden, Weisheit, Liebe und Glück bedeutet.

Siehe die Wahrheit vor dir: Ein scharfer Verstand, ein offenes Gemüt, ein unverschleiertes spirituelles Schauen, Erkennen der Wahrheit, ein erweckter und tätiger spiritueller Wille sind erforderlich, damit du *zuerst über dich selbst höchste Gewalt erlangst* und so unbedingte Selbstbemeisterung erringst, sodass selbst die Elementale und die Elementalwesen der Astralwelt dich auf keine Weise beeinflussen können. Erkenne dich selbst, beherrsche dich, dann wirst du ein Meister des Lebens werden.

Du kannst dieses innere spirituelle Leben von dir gar nicht eifrig genug erforschen. Es ist die Fülle der Wahrheit und der allmächtigen Liebe, des Mitleids, des Erbarmens, all der Elemente im Universum, die durch Herz und Intelligenz der Menschen Güte, Brüderlichkeit, Sanftmut und alles Hohe und Gute erzeugen. Dieses Erforschen deines spirituellen Wesens zeigt dir, dass du durch die verhüllenden Schleier der niederen Selbstheit brechen und nach innen zur Göttlichkeit vordringen musst, zu dem inneren Gott, der im tiefsten Herzen eines jeden von uns wohnt. Dann, wenn du jenes erhabene Ziel erreicht hast, wirst du in dir den Drang fühlen, dich zurückzuwenden, gleich den erhabenen Buddhas des Mitleids, die umkehren auf dem Pfad, um unseren Mitmenschen zu helfen, die weit hinten langsam ihres Weges ziehen. Diese Tat des Mitleids wird von allen wahren spirituellen Erlösern der Menschheit vollführt.

Die Buddhas des Mitleids

DIE BUDDHAS DES MITLEIDS

DER SCHÜLER:

Erzähle mir, o Gurudeva, von den Großen, den Meistern des Lebens, deren Licht den Pfad schon an seinem Anfang erleuchtet und bei jedem Schritte heller wird; erzähle mir von den Buddhas des Mitleids.

DER LEHRER:

Du sprichst recht, Lanu. Ihr Licht leuchtet ohne Unterlass, und nur die dunklen Wolken im Gemüt der Menschen schließen es aus.

Ein Buddha ist einer, der die Sprossen der Lebensleiter der Entwicklung hinaufgestiegen ist, Stufe um Stufe, eine nach der anderen, und der so Buddhaschaft erreicht hat, welche höchste Fülle spirituellen und intellektuellen Glanzes bedeutet. Er hat dies alles durch seine selbstbestimmten und selbstgeleiteten Anstrengungen auf dem langen Pfad der Entwicklung erreicht. Er ist ein „Erwachter", einer, der die Gottheit offenbart, die der tiefste Grund seines Wesens ist.

Die Buddhas des Mitleids sind die edelsten Blüten der menschlichen Rasse. Sie sind Menschen, die sich vom Menschlichen zum Göttlichen erhoben haben; und dies geschieht dadurch, dass das innen eingekerkerte Licht, das Licht des inneren Gottes, herausgelassen wird und sich durch das Wesen des Menschen, durch die menschliche Seele, offenbaren kann. Es geschieht durch Opfer und das Aufgeben von allem, was niedrig und falsch, unedel und gemein und selbstisch ist, durch Erschließung der inneren Natur, sodass der innere Gott hervorleuchten kann. Mit anderen Worten, durch selbstgeleitete Entwicklung haben sie sich emporgehoben aus dem nur Menschlichen zu Gottmenschen, zu menschlichen Gottheiten – zu menschlich-göttlichen Wesen.

Jeder Mensch ist ein Buddha im Keim. Jeder Mensch trägt in seiner inneren Konstitution nicht nur den himmlischen Buddha, den Dhyâni-Buddha, der sein innerer Gott ist, sondern auch sein höheres Ego, das, wenn es sich auf Erden als Mensch offenbart, der Mânushya-Buddha oder der menschliche Buddha ist. Gewöhnliche Menschen können die Kräfte ihres höheren oder spirituellen Willens oder Egos nicht völlig und gänzlich offenbaren, da sie zu grob veranlagt sind. Sie sind als Gefäß noch nicht genügend verfeinert. Sie leben zu stark auf den Ebenen des stofflichen Daseins. Sie sind leidenschaftlich, sie sind persönlich und daher begrenzt, an die Enge gebunden.

O Lanu, jedes menschliche Wesen ist ein noch nicht zum Ausdruck gebrachter Buddha. Auch jetzt, in und über dir, ist er dein Höheres Selbst, und dein Höheres Selbst ist *er.* Und indem die Zeitalter dahinrollen und du das Selbst überwindest, um das größere Selbst zu werden, näherst du dich mit jedem Schritt dem „schlafenden" Buddha in dir. Und doch ist es in Wirklichkeit nicht der Buddha, der „schläft". Du bist es, der schläft, auf dem Bett der Materie, von bösen Träumen umfangen, den Kindern deiner Leidenschaften, deiner irrigen Meinungen, deiner Selbstsüchte, deines Ichwillens – sie alle bilden die dichten, schweren Schleier der Persönlichkeit, die den inneren Buddha verhüllen.

Denn dies ist das Geheimnis: Der innere Buddha wacht über dir. Dein eigener innerer Buddha hat, mystisch gesprochen, sein Auge auf dir ruhen. Seine Hand streckt sich, um es so auszudrücken, voll Erbarmen hernieder zu dir, doch musst du hinauflangen und diese Hand ergreifen durch deinen eigenen selbständigen Willen und dein Sehnen – du, der menschliche Teil von dir – und musst die Hand des Buddhas in dir fassen.

Eine seltsame Ausdrucksweise? Bedenke dann, was ein Menschenwesen ist: ein Gott in seinem Herzen, ein Buddha als Gefäß dieses Gottes, eine spirituelle Seele als Gefäß des Buddhas, eine menschliche Seele als Gefäß der spirituellen Seele, eine tierische Seele als Gefäß der menschlichen Seele und ein Körper als Gefäß der tierischen Seele, sodass der Mensch zugleich einer und viel mehr als einer ist.

Wenn ein Mensch alles gelernt hat, was die Erde ihn lehren kann, ist er gottgleich und kehrt nicht mehr zur Erde zurück – außer (höre die frohe Botschaft, Lanu!): außer jenen, deren Herzen so von der heiligen Flamme des Mitleids erfüllt sind, dass sie in der Erdenschule, über die sie längst hinausgewachsen sind und in der sie selbst nichts mehr lernen können, verbleiben, um ihren jüngeren, weniger weit fortgeschrittenen Brüdern zu helfen. Diese Ausnahmen sind die Buddhas des Mitleids.

DER SCHÜLER:

Dann gibt es andererseits auch solche, die das Endziel der höchsten Glückseligkeit erreichen und sich nicht umwenden, um ihren leidenden Mitpilgern eine helfende Hand zu reichen? O Gurudeva, dies ist nicht die Botschaft, die du lehrst – das Endziel um seiner selbst willen zu erreichen!

DER LEHRER:

O Lanu, so wie ich gelehrt wurde, nur so lehre ich wieder. So höre!

Es gibt sehr große Menschen, sehr heilige Menschen, in jeder Hinsicht sehr reine Menschen, deren Erkenntnis weit, umfassend und tief, deren spiritueller Zustand erhaben ist. Nach Erreichen der Buddhaschaft gehen sie jedoch, anstatt den Ruf allmächtiger Liebe zu fühlen, anstatt umzukehren und jenen zu helfen, die weniger weit fortgeschritten sind, hinüber in das höchste Licht und treten in die namenlose Glückseligkeit Nirvâṇas ein, die Menschheit zurücklassend. Dies sind die Pratyeka-Buddhas. Obgleich erhaben, stehen sie doch nicht auf gleicher Stufe mit den Buddhas des Mitleids in ihrer unsagbaren Erhabenheit.

Der Pratyeka-Buddha, der die Buddhaschaft *für sich selbst* verwirklicht, tut dies jedoch nicht auf rein selbstsüchtige Weise, tut es nicht zu seiner eigenen Befriedigung, und er tut anderen kein Leid damit an. Wenn dies der Fall wäre, könnte er ja nie seine Einzel-Buddhaschaft erlangen. Doch er erreicht Nirvâṇa sozusagen automatisch, indem er den erhabenen Antrieben seines Wesens folgt. Dennoch lässt er die Welt hinter sich zurück, von ihm vergessen und in die Bande der Materie geschlagen.

Der Pratyeka-Buddha stellt sich auf das eine Ziel ein: Selbstfortschritt zu spirituellen Zwecken. Dies ist in gewisser Hinsicht ein edler Pfad, doch obwohl es ein kürzerer Pfad ist, ist es im Grunde ein selbstischer Pfad, und die karmischen

Aufzeichnungen, die ausgelöscht werden müssen, werden letzten Endes tiefere Linien aufweisen als bei dem anderen Sucher spirituellen Lebens, der dem Pfad völliger Selbstvergessenheit folgt und der selbst alle Gedanken an eigenen Fortschritt aufgibt. Der letztere ist natürlich bei weitem der edlere Pfad, aber eine Zeitlang führt er viel langsamer vorwärts, und der Weg ist viel schwieriger. Das Endziel ist schwerer erreichbar. Wenn es jedoch einmal erreicht ist, dann ist der Lohn, der Preis unsagbar herrlich. Eine Zeitlang ist es ein schwierigerer Pfad, doch ist es ein vollkommener Pfad.

Es besteht ein eigenartiger Widerspruch beim Pratyeka-Buddha. Der Name Pratyeka bedeutet „jeder für sich selbst“. Doch dieser Geist „jeder für sich selbst“ ist genau das Gegenteil von dem Geiste, der im Orden der Buddhas des Mitleids herrscht, denn im Orden des Mitleids herrscht der Geist „gib auf dein Leben für alles, was da lebt“.

Der „Einzelbuddha“ weiß, dass er nicht zum spirituellen Glanz vordringen kann, wenn er nicht das spirituelle Leben führt, wenn er nicht seine spirituelle Natur pflegt. Doch da er dies nur tut, um spirituellen Gewinn, spirituelles Leben für sich allein zu erringen, ist er ein Pratyeka-Buddha. Er strebt letzten Endes *für sich selbst.* Es ist ein persönliches Bestrebtsein, ein persönlicher Wunsch da, vorwärtszukommen, um jeden Preis das Höchste zu erringen. Derjenige hingegen, der dem Orden der Buddhas des Mitleids angehört, hat seine Augen auf dasselbe ferne Ziel geheftet, doch erzieht er sich von allem Anfang an zu völligem Vergessen seiner selbst. Dies ist offensichtlich eine ungleich größere Arbeit, und dementsprechend größer ist auch der Lohn.

Die Zeit kommt, da der Pratyeka-Buddha, so heilig er auch ist, so erhaben seine Ideale und sein Streben auch sind, einen Entwicklungszustand erreicht, von dem aus er nicht weiter auf jenem Pfad vorwärtsgehen kann. Hingegen hat derjenige, der sich gleich von Anfang an mit der Allnatur und dem Herzen der Natur verbindet, ein sich ständig weitendes Feld der Arbeit, so, wie sich sein Bewusstsein weitet und dieses Feld erfüllt. Und dieses sich immer erweiternde Feld ist einfach unbegrenzt, da es die grenzenlose Natur selbst ist. Er wird völlig eins mit dem spirituellen Universum, während der Pratyeka-Buddha nur eins wird mit einer besonderen Linie oder einem besonderen Strom der Entwicklung im All.

Der Pratyeka-Buddha erhebt sich in das spirituelle Reich seines eigenen inneren Seins, hüllt sich darin ein und geht sozusagen zur Ruhe. Der Buddha des Mitleids erhebt sich ebenso wie der Pratyeka-Buddha zu den spirituellen Reichen seines inneren Seins, doch verbleibt er nicht dort, er weitet sich unaufhörlich, wird eins mit dem All oder versucht es zu werden, und er erreicht dies auch im Laufe der Zeit tatsächlich.

Der Buddha des Mitleids – vernimm es, o Lanu –, der Buddha des Mitleids hat alles gewonnen, alles errungen, er hat das Recht auf kosmischen Frieden und Glückseligkeit erworben. Er verzichtet jedoch auf all dies, damit er als Sohn des Lichtes zurückkehren kann, um der Menschheit zu helfen, um allem zu helfen, was da ist. Der Pratyeka-Buddha schreitet weiter und geht ein in die namenlose Herrlichkeit Nirvâṇas, und dort verbleibt er ein Zeitalter lang oder auch eine Million Äonen, je nachdem. Der Buddha des Mitleids hingegen, der allem um der Barmherzigkeit willen entsagt hat, weil sein Herz so von Liebe erfüllt ist, geht in seiner Entwicklung weiter. So wird auch die Zeit kommen, da der Buddha des Mitleids, obgleich er allem entsagt hat, weit über den Zustand hinausgelangt sein wird, den der Pratyeka-Buddha erreicht hat. Und wenn der Pratyeka-Buddha nach gewisser Zeit aus dem nirvâṇischen Zustand heraustritt, um seine Entwicklungsreise erneut anzutreten, wird er sich von dem Buddha des Mitleids weit überholt finden.

Das Selbst, die Selbstheit, das Selbstsuchen ist gerade das, was die Buddhas des Mitleids zu vergessen, zu überwinden suchen, worüber sie hinauszukommen bestrebt sind. Das persönliche

Selbst muss verschmelzen mit dem individuellen Selbst, das sich dann seinerseits in dem universalen Selbst verlieren muss.

Sie werden „Buddhas des Mitleids" genannt, weil sie ihre Einheit fühlen mit allem, was da ist, und dies bei fortschreitender Entwicklung immer mehr, bis schließlich ihr Bewusstsein mit dem All verschmilzt und ewig und unsterblich lebt, weil es eins ist mit dem All. Der Tropfen Tau rinnt in ein Meer von Licht – von wo er seinen Ursprung nahm.

Indem die Buddhas des Mitleids den Drang allmächtiger Liebe in ihrem Herzen fühlen, schreiten sie ständig vorwärts, zu immer erhabeneren Höhen spiritueller Vollkommenheit. Der Grund dafür ist, dass sie zu Gefäßen universaler Liebe geworden sind. Da unpersönliche Liebe universal ist, weitet sich ihre ganze Natur entsprechend den universalen Kräften, die durch sie wirken.

Strebe nicht nach Heiligkeit um deiner selbst willen, Lanu. Strebe nach Heiligkeit, wie andere danach streben, doch nur, damit du dich um anderer willen vergessen kannst. Liebe sucht nie sich selbst. Liebe sucht immer zu geben. Liebe ist der erste Schritt auf dem aufwärtsführenden Pfad. Sie bestimmt alle Zwischenstufen, und sie ist auch die letzte, wenn es eine letzte Stufe gibt. Unpersönliche Liebe ist auch die letzte und höchste Einweihung auf Erden, denn diese Liebe ist göttlich!

DER SCHÜLER:

Ja, sie ist wahrhaft göttlich! Und der Mahâtmazustand, willst du nun darüber reden?

DER LEHRER:

Die Mahâtmans sind noch nicht Buddhas. Ein Buddha ist ein Mahâtman höchsten Grades. Ein Mahâtman lebt selbstbewusst im spirituellen Teil seines Wesens, während ein Buddha selbstbewusst im göttlich-spirituellen Teil seiner Konstitution lebt.

Die Meister sind Menschen, wenngleich erhabenen Zustandes, und das ist es, was sie uns so nahe bringt und so lieb macht. Sie nehmen die Stufe ein, die unmittelbar auf die der gewöhnlichen Menschheit folgt. Sie sind Seelen-Menschen in menschlichen Körpern. Sie fühlen wie Menschen, sie verstehen menschliche Leiden und Sorgen, sie sind fähig zu erkennen, was menschliche Fehler und Sünden sind, und sie haben deshalb menschliche Herzen, die von zärtlichem Mitgefühl und Mitleid bewegt sind. Sie erkennen auch, wenn die Umstände es erfordern, die Notwendigkeit einer starken, führenden Hand. Sie sind Brüder, Menschen mit sanftem und großem Herzen, mit hervorragenden spirituellen und intellektuellen Kräften und Fähigkeiten.

„Diamantherz" ist die Bezeichnung, die auf die Mahâtmans angewendet wird; und sie hat ihre symbolische Bedeutung. Sie bedeutet das kristallklare Bewusstsein, in dem sich das Leid der Welt widerspiegelt, das den Ruf nach Hilfe aufnimmt und ihn weitergibt, in dem die buddhische Strahlenkraft aus dem Herzen einer jeden ringenden Seele auf Erden widerscheint und das doch so hart ist wie Diamant gegen alle Rufe der Persönlichkeit, des Eigennutzes und zuallererst gegenüber seiner eigenen persönlichen Natur.

Sollte der Mahâtman seinen physischen Körper aufgeben und in seinen anderen Prinzipien leben, so wird er de facto zu einem Nirmâṇakâya, der in der aurischen Atmosphäre der Erde lebt, der unsichtbar für die Menschheit wirkt und so einen der lebenden Steine in dem Schutzwall bildet.

Der Nirmâṇakâya ist ein vollständiger Mensch mit allen Prinzipien seiner Konstitution, mit Ausnahme des Liṅga-śarîra und des begleitenden physischen Körpers. Er lebt auf der nächsthöheren Ebene des Seins, die der physischen Ebene folgt. Seine Absicht hierbei ist es, die Menschen vor sich selbst zu retten. Er tut dies, indem er mit ihnen lebt und ihnen unaufhörlich Gedanken spiritueller und moralischer Schönheit, der Selbstaufopferung und der Selbstvergessenheit einflößt, Gedanken gegenseitiger Hilfe, des Mitleids und Erbarmens. So bildet er einen der Steine in dem Schutzwall, der die Menschheit unsichtbar umgibt.

Die meisten Mahâtmans bereiten sich vor, Buddhas des Mitleids zu werden und deshalb dem Nirvâṇa zu entsagen.

Der wahre Buddha des Mitleids entsagt Nirvâṇa, um der Welt zu helfen, denn er ist verkörpertes Mitleid. Er lebt die Äonen hindurch und wirkt für alles, was da ist. Er schreitet stetig vorwärts durch selbstgeleitete Anstrengungen, durch selbstgeleitete Entwicklung dem Göttlichen, der Göttlichkeit entgegen. Es ist diese höchste Selbstaufopferung eines Menschen, von der verfeinertsten und erhabensten Art, die vorstellbar ist, die einen Buddha zu einem so heiligen und erhabenen Wesen macht.

Der Buddha steht höher als selbst ein Avatâra, denn der Buddha ist eine freiwillige Verkörperung von Weisheit und Mitleid, von Erbarmen, Liebe und Selbstvergessenheit. Als Söhne der Sonne spenden die Buddhas Licht, wo immer sie auch hingehen. Sie harren die Zeitalter hindurch aus und bilden einen Schutzwall um die Menschheit, beschützen sie vor kosmischen Gefahren, Gefahren, von denen niemand außer den hohen Eingeweihten etwas weiß. Ja, diese Buddhas, die Erhabenen, sind die heiligsten!

DER SCHÜLER:

Wundersam in der Tat ist das Wirken der Buddhas des Mitleids! Und zur Unterscheidung des

Pratyeka-Buddhas von dem Buddha des Mitleids gehört also auch das Element einer bewussten Wahl, die jeder eines Tages treffen muss?

DER LEHRER:

Ja, jeder wird einmal vor diese Wahl gestellt werden. Welchen Pfad wirst du dann wählen, den Pfad der Buddhas des Mitleids oder den Pfad der Pratyeka-Buddhas? Der eine wie der andere ist edel. Beide führen zu Höhen spiritueller Erhabenheit – der eine ist der Pfad des Mitleids, der göttliche Pfad, der andere ist der Pfad persönlicher Ruhe, absoluten Friedens und der Glückseligkeit, des Lebens im Göttlichen. Eines Tages wirst du diese Wahl treffen müssen, Lanu. Die Entscheidung für den Pfad der Selbstvergessenheit, des Mitleids und der unpersönlichen Liebe zu allem anderen wird dich zwar zeitweilig in den Reichen der Täuschung, des Stoffes belassen, dich aber schließlich doch auf einem Pfad, der gerader ist als jeder andere, zur innersten und tiefsten Kammer des universalen Herzens führen, denn du hast den unpersönlichen Geboten kosmischer Liebe gehorcht, und das bedeutet, du hast dich bewusst mit dem Göttlichen verbunden.

Nirvâṇa für sich selbst zu erstreben, kann man als eine Art verfeinerter spiritueller Selbstsucht betrachten, denn der Versuch, Nirvâṇa für sich allein zu erringen, ist lediglich individuelles

Sehnen nach Befreiung aus dem geoffenbarten Leben, der Wunsch, abseits zu stehen in absolutem Frieden, in absoluter Glückseligkeit, in reiner Bewusstheit und ohne Rücksicht auf alles andere.

Wie anders hingegen ist die Lehre unseres Erhabenen: „Kann ich in äußerster Glückseligkeit verweilen, wenn auch nur ein Menschenherz in Schmerzen schlägt?“ Gib mir lieber, so ist der Gedanke, das Martyrium persönlichen Daseins, dass ich anderen helfen und sie trösten kann, anstatt das rein eigensüchtige, selbstische Glück von Paranishpanna zu erringen.

Wo ist die Sonne des Erbarmens und Mitleids, der Selbstvergessenheit und des Friedens, Lanu? Überströmt nicht Erbarmen und Mitleid deine Seele?

Mitleid hat seine Wurzel in der Liebe, und Harmonie und Liebe sind im Wesen dasselbe. Seine eigenste Natur, sein innerstes Wesen ist, dass jeder Teil fühlt, was jedem anderen Teil zustößt. Dies wird von den Menschen in seinen höheren Aspekten, wenn es im Menschenherzen seinen Ausdruck findet, Mitleid genannt.

Mitleid ist das ureigenste Wesen und der Grundstein des Universums, sein Wesensmerkmal und Kennzeichen; denn Mitleid bedeutet „mit leiden“, und das All ist ein Organismus, ein weiter, umfassender Organismus, ein Organismus ohne Grenzen, den man auch das Universal-Lebensbewusstsein nennen könnte.

Mitleid ist das Grundgesetz des Herzens der Natur. Es bedeutet eins zu werden mit dem göttlichen Universum, mit dem universalen Leben und Bewusstsein. Es bedeutet Harmonie, es bedeutet Frieden, Glück, unpersönliche Liebe.

Hast du dieses glänzende Schauen erlangt, Lanu, so verschließe deine Augen nicht vor dem Leiden anderer, sondern setze dein Leben gleich den Buddhas des Mitleids dafür ein, allen Wesen zu helfen, zuerst, indem du dich selbst emporhebst – unpersönlich, nicht persönlich –, sodass du auch anderen helfen kannst, das göttliche Licht zu schauen.

Gibt es etwas Schöneres, Höheres, Edleres, als den gebrochenen Herzen Trost, den verdunkelten Gemütern Licht zu bringen, die Menschen Liebe, Liebe und Vergeben zu lehren?

Den Menschen Frieden zu bringen, ihnen Hoffnung zu geben, in ihnen das Licht zum Aufgehen zu bringen, ihnen den Weg aus der Wirrnis des stofflichen Daseins zu weisen, den Mitmenschen das Wissen um ihre innere Göttlichkeit als eine Wirklichkeit wiederzubringen, ist das nicht ein erhabenes Werk?

Friede sei mit dir, Lanu!

Friede allen Wesen!

Gottfried von Purucker – „Die Esoterische Tradition"

Sichtbare und unsichtbare Welten

Die faszinierende Realität unsichtbarer Welten.

Paperback, 250 S.
ISBN 978-3-924849-55-9

Der Mensch in der Unendlichkeit

Quelle und Ursprung unseres Lebens, Ziel der Evolution.

Hardcover, 348 S.
ISBN 978-3-924849-34-4

Mit der Wissenschaft hinter die Schleier der Natur

Neue Dimensionen der Naturerkenntnis.

Hardcover, 354 S.
ISBN 978-3-924849-35-1

Geburt und Wiedergeburt

Unumstößliche Gründe für die Wiedergeburt als Naturtatsache.

Hardcover, 293 S.
ISBN 978-3-924849-36-8

Tod – was kommt danach?

Die inneren Zusammenhänge des Lebens. Der Tod als Tor zum Leben.

Paperback, 187 S., ISBN 978-3-924849-56-6 / Hardcover, 191 S.,
ISBN 978-3-924849-57-3

Mysterienschulen und Lehren

Lebendiges Wissen aus den Quellen archaischer Weisheit.

Hardcover, 377 S.
ISBN 978-3-924849-38-2

Gottfried von Purucker

Spirituelles Erwachen

Das Leben besser verstehen – zu innerem Frieden gelangen.

Hardcover, 192 S.
ISBN 978-3-924849-43-6

Wind des Geistes

Das spirituelle Fundament für den neuen Zeitgeist.

Hardcover, 236 S.
ISBN 978-3-924849-48-1

Esoterische Philosophie – Wörterbuch

Der unentbehrliche Ratgeber für ursprüngliche Grenzwissenschaften.

Hardcover, 288 S.
ISBN 978-3-924849-40-5

Fragen, die wir alle stellen: Eltern & Kind

Ursachen erkennen: Charakter, Vererbung, Behinderung, Tod – warum?

Hardcover, 191 S.
ISBN 978-3-924849-42-9

Die Meister und der Pfad des Okkultismus

Helfer der Menschheit. Wer sind die großen Weisen?

Paperback, 92 S.
ISBN 978-3-924849-03-0

Handbuch

Esoterische Philosophie – Einführung

Der ideale Einstieg. Das Leben besser verstehen.

Paperback, 92 S.
ISBN 978-3-924849-39-9

Verlag
Esoterische Philosophie

H. P. Blavatsky

Lexikon der Geheimlehren

Epochales Basiswerk zu *Geheimlehre* und *Isis Entschleiert.* Über 2600 Begriffe, umfassender Index.

Hardcover, 661 S.
ISBN 978-3-924849-46-7

Katherine Tingley

Helena P. Blavatsky – Ein Genius verändert die Welt

Leben und Wirken H. P. Blavatskys.

Hardcover, 326 S.
ISBN 978-3-924849-44-3

JUBILÄUMSAUSGABE

Die Stimme der Stille

Ein einzigartiges Juwel. Für den Pfad, der nach innen führt.

Paperback, 153 S., ISBN 978-3-924849-59-7 / Hardcover, 153 S., ISBN 978-3-924849-60-3

H. P. Blavatsky

Unheinmliche Geschichten

Verborgene Gefahren der Astralwelten – aufschlussreich und fesselnd dargestellt.

Paperback, 174 S.
ISBN 978-3-924849-54-2

Edition Ursachenforschung – Wissenschaft hinterfragt

Vernetzt denken – die Zukunft gestalten!

Paperback, 113 S., 20 Abb.

Homo ethicus – Was können, was dürfen wir?

Paperback, 157 S., 20 Abb.

Alles lebt – es gibt nichts Totes

Paperb., 92 S., 29 Abb.

William Quan Judge

Die Bhagavad-Gîtâ

Schätze menschlicher Weisheit. Der Pfad der Unsterblichkeit.

Hardcover, 148 S.
ISBN 978-3-924849-25-2

Studien über die Bhagavad-Gîtâ

Unentbehrlicher Kommentar! Tiefere Aspekte der Bhagavad-Gîtâ.

Hardcover, 252 S.
ISBN 978-3-924849-26-9

Das Meer der Theosophie

Der Klassiker zur Einführung. Der Mensch ist nicht der Körper allein. Psychische Gesetze verstehen.

Paperback, 211 S., 19,80 €, ISBN 978-3-924849-61-0 / Hardcover, 211 S., 29,80 €, ISBN 978-3-924849-62-7

Judith M. Tyberg

Sanskrit – Die Sprache der Götter

Einführung in die Mysteriensprache und ihre Bedeutung unter Einbeziehung der bedeutendsten theosophischen Literatur.

Nils A. Amneus

Regiert Zufall oder Gerechtigkeit unser Leben?

Äußerst hilfreiche Antworten zu zentralen Lebensfragen.

Paperback, 151 S.
ISBN 978-3-924849-06-1

Katherine Tingley

Der Pfad des Mystikers

Wie wir zu Frieden und innerer Harmonie gelangen können.

Hardcover, 166 S.
ISBN 978-3-924849-27-6

Verlag
Esoterische Philosophie

Gottfried von Purucker

Grundlagen der Esoterischen Philosophie

Fundamente geheimer Überlieferungen.
Mensch – Natur – Kosmos.

Prof. Dr. Gottfried von Purucker dringt in kaum bekannte Dimensionen der Naturerkenntnis vor. Der Autor beweist, dass die Natur von Leben und Bewusstsein durchdrungen ist.
Einziger Kommentar zu *Die Geheimlehre* und *Isis Entschleiert.*

Originalausgabe, 649 S., Hardcover
ISBN 978-3-924849-53-5

Helena Petrowna Blavatsky

Die Geheimlehre · Jubiläumsausgabe

Epochales Basiswerk für ursprüngliche Grenzwissenschaft, Religion und Philosophie.
Bd. I, ***Kosmogenesis,*** beschreibt den Prozess der Entstehung von Welten sowie ihre Kräfte.
Bd. II, ***Anthropogenesis,*** zeigt die zentrale Rolle des Menschen und seine geistige Evolution.
Bd. III, ***Esoterik,*** führt in die sichtbaren und unsichtbaren Bereiche von Mensch und Natur.
Bd. IV, ***Index,*** bietet über 100 000 Verweise.

4 Bände, zus. 2567 Seiten, Hardcover, 52 Abbildungen,
ISBN 978-3-924849-51-1, www.Geheimlehre.de

Isis Entschleiert · Jubiläumsausgabe

Band I, ***Wissenschaft:*** Ihrer Zeit weit voraus, dringt H. P. Blavatsky in die vernetzten Strukturen sichtbarer wie unsichtbarer Welten ein. Viele der von ihr vorweggenommenen Aussagen konnten bereits bestätigt werden. In **Band II,** ***Theologie,*** entschlüsselt die Autorin christliche Lehren. Frei von allen einseitigen Dogmen führt dieses fundamentale Werk zurück an den Ursprung von Wissenschaft und Religion.

2 Bände, zus. 1616 S., Hardcover
ISBN 978-3-924849-52-8